COLEÇÃO

INTERAÇÕES

Interações: encontros de leitura e escrita

Blucher

COLEÇÃO
INTERAÇÕES

Daniela Pannuti

Interações: encontros de leitura e escrita

Josca Ailine Baroukh
COORDENADORA

Maria Cristina Carapeto Lavrador Alves
ORGANIZADORA

Interações: encontros de leitura e escrita
© 2012 Daniela Pannuti
3ª reimpressão – 2019
Editora Edgard Blücher Ltda.

Capa: Alba Mancini

Foto: Fernando Alves

Blucher

Rua Pedroso Alvarenga, 1245, 4º andar
04531-934 – São Paulo – SP – Brasil
Tel.: 55 11 3078-5366
contato@blucher.com.br
www.blucher.com.br

Segundo o Novo Acordo Ortográfico, conforme 5. ed.
do *Vocabulário Ortográfico da Língua Portuguesa*,
Academia Brasileira de Letras, março de 2009.

É proibida a reprodução total ou parcial por quaisquer
meios sem autorização escrita da editora.

Todos os direitos reservados pela Editora
Edgard Blücher Ltda.

Dados Internacionais de Catalogação na Publicação (CIP)
(Câmara Brasileira do Livro, SP, Brasil)

Pannuti, Daniela
  Interações : encontros de leitura e escrita / Daniela
Pannuti; Josca Ailine Baroukh, coordenadora ; Maria
Cristina Carapeto Lavrador Alves, organizadora. –
São Paulo : Blucher, 2012. – (Coleção InterAções)

  Bibliografia
  ISBN 978-85-212-0673-6

  1. Educação de crianças 2. Escrita – Estudo e
ensino 3. Leitura – Estudo e ensino 4. Prática de
ensino 5. Professores – Formação. I. Baroukh, Josca
Ailine. II. Alves, Maria Cristina Carapeto Lavrador.
III. Título. IV. Série.

12.04807   CDD-372-21

Índices para catálogo sistemático:
1. Apontamentos sobre a leitura e escrita para a prática
do professor : Educação   372.21

Aos queridos Caetano e Isadora, que tantos significados trazem à minha existência, e ao Eduardo, parceiro nas muitas leituras da vida, por tudo que já escrevemos juntos. E por fim a todos os professores de nosso país, acreditando que podemos fazer a diferença na vida de nossos alunos.

Nota sobre a autora

Daniela Pannuti, professora, mestre em Psicolinguística Aplicada pela USP, doutoranda em Psicologia Escolar, atua como orientadora pedagógica e formadora de educadores em instituições públicas e privadas. Atualmente estuda a qualidade da prática docente sob o enfoque da experiência.

Agradecimentos

Agradeço à querida equipe da Escola Vera Cruz, pela parceria e confiança em meu trabalho e pelos muitos encontros que tanto me alimentam e acima de tudo, à Josca Baroukh, leitora generosa e parceira fiel nesse trabalho e no compromisso por uma educação que abre espaço à sensibilidade, estética e a mais alta qualidade.

Apresentação

Educar é interagir, é agir **com o outro**, o que acarreta necessariamente a transformação dos sujeitos envolvidos na convivência. Foi esta a ideia que elegemos para nomear a coleção InterAções. Acreditamos que ensinar e aprender são ações de um processo de mão dupla entre sujeitos, que só terá significado e valor quando alunos e professores estiverem questionando, refletindo, refazendo, ouvindo, falando, agindo, observando, acolhendo e crescendo juntos.

Com base nessa premissa, convidamos autores e professores. Professores que conhecem o chão da sala de aula, que passam pelas angústias das escolhas para qualificar as aprendizagens das crianças, seus alunos. Professores que, em sua grande maioria, também são coordenadores de formação de grupos de professores, conversam com professores e, portanto, conhecem o que os aflige.

A esses autores, pedimos que estabelecessem um diálogo escrito sobre temas inquietantes em suas áreas de atuação. Temas que geram muitas dúvidas sobre o que, como e quando ensinar e avaliar. Temas recorrentes que, se abordados do ponto de vista de novos paradigmas educacionais, podem contribuir para a ação, reflexão e inovação das práticas de professores da Educação Infantil e do Ensino Fundamental I.

Apresentamos nesta coleção situações de interação entre professores e crianças: exemplos, sugestões pedagógicas e reflexões. Pontos de partida para o professor repensar sua prática e proporcionar a seus alunos oportunidades de se sentirem e serem protagonistas de suas aprendizagens. Acreditamos ser importante que o professor questione sua rotina e construa um olhar apurado sobre as relações cotidianas. Estranhar o natural estimula a criatividade, a inovação, o agir. E assim, é possível ir além do que já se propôs no ensino desses temas até o momento.

Nosso intuito é compartilhar as descobertas geradas pelo movimento de pesquisa, reflexão e organização do conhecimento na escrita dos autores. E proporcionar ao professor leitor a experiência de um "olhar estrangeiro", de viajante que se deslumbra com tudo e que guarda em sua memória os momentos marcantes, que passam a fazer parte dele. Queremos animar em nosso leitor a escuta atenta e estimular suas competências técnicas, estéticas, éticas e políticas, como tão bem explica Terezinha Azeredo Rios.

Em meio às dificuldades de ser professor na contemporaneidade, os profissionais da educação persistem na criação de planejamentos e ações que promovam as aprendizagens de seus alunos. Aos desafios, eles apresentam opções e são criativos. É para esses profissionais, professores brasileiros, e para seus alunos, que dedicamos nossa coleção.

Boa leitura!

Josca Ailine Baroukh

Sumário

Pra começo de conversa 15

1 Ler e escrever na escola para ler e escrever a vida 21

1.1 Por que ler e escrever é tão importante? 23

1.2 Em nossas escolas, o ensino da escrita parte de necessidades reais das crianças? 28

1.3 Em busca de bons encontros 30

2 Com que roupa eu vou? Os gêneros textuais e sua importância para formar usuários reais da língua escrita 43

2.1 Contextos de leitura e escrita – o diálogo entre oralidade e escrita 53

2.2 Diversidade e continuidade – as contribuições de Mirta Castedo 59

2.3 Situações de leitura e escrita na alfabetização inicial 62

2.4 Continuidade na diversidade: desafios da escola 69

2.5	Organizando o tempo didático: projetos, sequências e atividades permanentes...............	71

3 A leitura como passaporte para a cidadania 81

3.1	O que precisamos saber sobre a leitura para participar positivamente desse processo?	90
3.2	As estratégias de leitura.....................................	95
3.3	Hábitos leitores e a aprendizagem da ortografia..	100
3.4	O lugar da leitura na vida...	106

4 Desvendando mistérios: Como se aprende a ler e escrever?... 113

4.1	O que é um ambiente alfabetizador?..................	118
4.2	Como compreendemos a escrita e quais as implicações pedagógicas que decorrem dessa concepção?	123
4.3	Ler nas linhas e nas entrelinhas........................	124
4.4	Como as crianças aprendem?	129
4.5	Sondagem: para conhecer como as crianças pensam…	137
4.6	Possibilidades de trabalho a partir das necessidades e possibilidades das crianças	142
4.7	Refletindo sobre o sistema: alguns exemplos de atividades e possibilidades de intervenção para cada hipótese...	149

5   Alfabetização e diversidade: os desafios da educação inclusiva 157

    5.1   Não leve gato por lebre: algumas considerações sobre a dislexia 165

Referências bibliográficas 171

Pra começo de conversa

Encontros...

Considero essas primeiras páginas um primeiro encontro entre nós. Encontro entre vidas, percursos, necessidades, inquietações.

Encontro que se desdobrará em outros importantes encontros: com a teoria, a prática, com as crianças e seus saberes.

O que entendemos como um encontro? Pensar a alfabetização como um encontro é um compromisso que precisamos assumir nesses tempos de tantos desencontros vividos pela educação em nosso país.

Um encontro de intenções, de interesses e de tantas variáveis que precisam se combinar positivamente para que esse importante processo de aquisição aconteça.

Na busca por expressar a importância das trocas proporcionadas pelos encontros, empresto da filosofia uma noção mais abrangente desse conceito. Alguns filósofos buscaram em seus estudos compreender as pessoas, as relações entre elas e os efeitos de seus encontros, ou seja, das trocas que estabelecem. Esse exercício de pensar sobre a essência humana é bastante complexo e profundo, mas é interessante trazer alguns aspectos que podem nos ajudar a compreender a dimensão de nosso trabalho, uma vez que somos nós, professores, os principais responsáveis pelos encontros das crianças com os conhecimentos.

Simplificadamente, podemos dizer que a filosofia entende as pessoas como potências, forças capazes de afetar umas às outras. Esse jogo de forças, que acontece no encontro, produz um efeito que pode ser positivo ou negativo, ou seja, somos sempre afetados pelo que vivemos, não saímos de um encontro da mesma forma que entramos. Nas trocas, nas interações e diálogos que estabelecemos, nos oferecemos um pouco aos outros e recebemos deles também.

Sendo assim, se compreendemos a alfabetização como um encontro, é fundamental considerar como ele tem acontecido, quais as características desse encontro e como ele repercute na aprendizagem das partes envolvidas no processo. É um "encontro às escuras", como quando se encontram pessoas que não se conhecem? Ou um "encontro de amor à primeira vista", como quando nos encantamos logo de cara? Ou um encontrão, daquele que saímos até mesmo um pouco avariados? Qual tem sido o saldo dessas trocas? O que ensinamos? O que aprendemos?

Sabemos que a alfabetização é um processo intenso, que envolve inúmeros fatores, e a compreendemos, acima de tudo, como uma vivência de autonomia e emancipação dos sujeitos que aprendem, graças à disponibilidade, interesse e dedicação dos que ensinam. Muitos aspectos participam desse importante encontro, e procuraremos abordar cada um deles em sua especificidade e relevância.

Muito já foi e tem sido dito sobre a aprendizagem da leitura e da escrita. A cada dia, novas ideias, perspectivas e até mesmo métodos são propostos com o objetivo de compreender ou resolver as questões relacionadas à alfabetização. Porém, verificamos poucos avanços tanto quando olhamos para dados quantitativos referentes ao domínio desses importantes recursos que são ler e escrever por parte das crianças de diferentes faixas etárias quanto ao considerar nossa prática cotidiana em sala de aula.

Compreendemos a leitura e a escrita como uma importante conquista, que participa diretamente da apropriação e posicionamento da criança em seu contexto social e no mundo. Pode-se dizer que mais do que uma aprendizagem escolar, ler e escrever são recursos de cidadania. E precisam ser compreendidos nessa dimensão ampla e abordados com toda a seriedade, para que as crianças possam, por esta via entre outras, assumir um lugar de cidadãos críticos e independentes, que reconhecem seus direitos e deveres.

Ao entendermos a escola como espaço coletivo, que apresenta e ao mesmo tempo prepara a criança para o mundo, a concepção que temos de sujeito alfabetizado vai além de conhecer e utilizar as letras. Ser alfabetizado, nesse contexto, pressupõe apropriar--se de um lugar de autonomia, ser capaz de ler e falar o mundo, compreender seus signos e códigos, interpretar a realidade e interagir com ela.

Assim, é fundamental que a escola cumpra sua função mais importante: garantir aos seus alunos o domínio da linguagem oral e escrita em sua complexidade real, como ela se apresenta na vida, ou seja, torná-los aptos a participar de comunicações efetivas, conferindo a eles a possibilidade e o direito de falar, ouvir, ler e escrever com segurança e propriedade, para que assim possam atuar de forma efetiva dentro e fora do ambiente escolar.

Para que a escola possa se constituir efetivamente como lugar de construção de cidadania e subjetividade é preciso olhar para os principais participantes desse encontro: alunos e professores. Como se colocam esses atores na cena escolar? Como se definem? Que cuidados recebem? Como desempenham seus papéis? O trabalho com a identidade de alunos e professores contribui para que assumam e desenvolvam plenamente suas potencialidades.

Pesquisas e investigações psicológicas e educacionais sustentam nossa concepção das crianças como seres potentes, ativos, que interagem com o mundo e aprendem nesse diálogo. Entre eles, destacamos Vygostky (1896-1934), que, a partir de sua prática como professor primário em uma remota região russa no início do século passado, desenvolveu teorias revolucionárias e fundantes para a compreensão sobre como aprendem as crianças. Entre muitos aspectos importantes que discutiremos mais à frente, destacamos o valor da experiência e a natureza ao mesmo tempo biológica e social da aprendizagem, que nos levarão aos conceitos de zona de desenvolvimento real e proximal, que nos indicam a importância das trocas e interação no processo de aquisição do conhecimento. Segundo o autor:

> "não podemos aprender a nadar ficando na praia, para aprender a nadar temos que necessariamente entrar na água, mesmo que não saibamos nadar, de modo que a única maneira de aprender algo, como, por exemplo, adquirir conhecimento, é fazendo isso: em outras palavras, adquirindo conhecimento". (Vygostky, 1994)

Para lidar com sujeitos – que entendemos como seres singulares, que se encontram no coletivo escolar trazendo experiências pessoais provindas de diferentes contextos familiares, sociais, econômicos, com necessidades e jeitos próprios de se desenvolver e aprender – são convocados profissionais flexíveis, observadores, capazes de empatia com os alunos, suas histórias e famílias; que se instrumentalizam com conhecimentos didáticos imprescindíveis a uma boa atuação pedagógica.

O professor deve atuar como o mediador das aprendizagens, das interações e dos cuidados de si, do outro e do ambiente, tarefas que exigem novas competências e habilidades. O desafio de possibilitar aprendizagens desafiantes enquanto a criança desenvolve autoconfiança em suas capacidades e relações positivas com seus pares e os adultos, implica um professor conhecedor do desenvolvimento e das aprendizagens infantis. E, principalmente, um educador que aposta nas crianças e confia em suas capacidades. Esses novos desafios para o professor revelam a importância da reflexão sobre a prática pedagógica por meio dos instrumentos metodológicos, tais como: a observação atenta, o registro sistemático, o planejamento coletivo e a autoavaliação efetuada por todos da equipe escolar relativa à qualidade educativa oferecida aos alunos.

Um último aspecto que norteia nossa concepção de ensino e aprendizagem é a metacognição, a condição de debruçar-se sobre o próprio pensamento, enquanto sujeito epistemológico, isto é, construtor de saberes. O foco central da metacognição é o conhecimento dos processos de conhecimento do sujeito pelo próprio sujeito. O exercício de pensar sobre o próprio processo de pensar permite identificar lugares de aprendizagem, movimentos do pensamento para ressignificá-los e integrar o pensar e o aprender.

Voltando à ideia de encontro proposta anteriormente, nosso objetivo é que essas páginas funcionem como cenários para frutíferas relações, de forma a nos alimentar na busca por uma educação reflexiva, de compromisso, qualidade e resultados significativos. Ou seja, mais do que informar, buscamos formar, transformar, afetar... É assim que gostaria que esse livro fosse recebido: como um companheiro, um parceiro para muitas conversas, discussões, aprendizagens.

1 Ler e escrever na escola para ler e escrever a vida

Ao longo dos tempos, o lugar e valor da leitura e da escrita sofreram significativas mudanças. Se atualmente concordamos que ler e escrever são práticas essenciais para a plena adaptação em nossa sociedade, a história nos mostra que nem sempre foi assim.

Adaptar-se à sociedade não significa apenas estar preparado para enfrentar desafios, desenvolver ferramentas para superar dificuldades e "vencer na vida", mas também construir conhecimentos para fazer dessa sociedade um lugar justo e acolhedor, o que nos aproxima da ideia de educação para cidadania.

Como poderíamos definir a educação para a cidadania? Terezinha Rios observa que a educação, muitas vezes, traz o sentido de ascensão. A distância entre o saber e o não saber teria o poder de nos elevar, nos retirar de um lugar inferior e nos alçar a outro patamar. A autora, porém, questiona essa ideia, ao afirmar que o exercício de aprender é contínuo, não acaba nunca. Sempre podemos aprender mais e, assim, mudar mais uma vez de lugar. Nesse sentido, seria melhor considerarmos cada saber como um passo adiante no mesmo nível em que estamos, um passo adiante como experiência diferente. Um passo adiante em um movimento contínuo espiral.

Nossas experiências, sejam elas positivas ou negativas, nos definem e participam de nossas aprendizagens. Ao construir conhecimento, é importante não se enclausurar no espaço, é preciso manter a abertura, a possibilidade de aprender mais e mais. Ter a clareza de que o conhecimento que construímos em determinado momento é parcial, que pode e deve ser ampliado. Assim foi ao longo da história da humanidade: pensávamos que a Terra era o centro do universo e essa crença perdurou por muito tempo, até que o uso de instrumentos e a construção de uma nova perspectiva por Galileu promoveu a alteração dessa ideia, e hoje sabemos que é a Terra que gira em torno do Sol. Mas a mudança de paradigma, de modo de pensar, foi árdua, enfrentou dificuldades para ser aceita. Nos dias de hoje, é importante que tenhamos maior flexibilidade diante de novas ideias e novas explicações, para podermos nos manter em movimento, movimento que a vida nos propõe.

Quanto mais sabemos, mais podemos sentir o gosto da realidade. E não é só o gosto bom, são todos os gostos, e é isso que a educação, feita por todos nós, pode oferecer. Não a nós apenas, mas à sociedade toda.

O que buscamos com esse exercício é a construção da cidadania. Ao assumirmos o compromisso de aprender, de nos adaptarmos ao mundo, podemos também moldá-lo de acordo com nossos valores. O professor ou profissional de qualquer área que tem consciência de sua inserção social, pode trabalhar nessa perspectiva da construção constante da cidadania própria e dos demais. Segundo Terezinha Rios (2001):

"Nascer num país, não faz do sujeito um cidadão desse país. Nascer neste país já nascemos, mas para ser cidadão é preciso mais do que um registro. É preciso a possibilidade de construir o país, ter direitos que permitam atuar fazendo o país ter a cara que a gente quer que ele tenha. Será que somos todos cidadãos? Se a educação tem a intenção de, ao construir a vida, construir também a cidadania, e se cada um de nós é responsável por esta construção da cidadania a gente tem que se perguntar como é que a gente vai fazer. O único momento da gente fazer história é o presente".

Essas colocações contribuem para pensarmos sobre o lugar da leitura e da escrita ao longo dos tempos e no sentido da educação no contexto social.

A escrita surgiu da necessidade do homem de criar registros, comunicar-se, compartilhar experiências e construir memória. Esse movimento, que nos conecta à história da humanidade, se renova a cada dia, pois as crianças também são levadas a explorar formas de comunicar suas experiências e saberes por diferentes vias, entre elas a escrita.

1.1 Por que ler e escrever é tão importante?

As pinturas rupestres e os objetos produzidos pelos primeiros homens responderam às suas primeiras necessidades de registro e transformação do mundo para sua adaptação. Produzir um machado, amarrando uma pedra a um galho de árvore, ou desenhar nas paredes de uma caverna relatos pictóricos do vivido – os animais perseguidos durante o dia, por exemplo – são ações que nos constituem humanos.

Nicho Policrômico - Toca do Boqueirão da Pedra Furada - Serra da Capivara - PI
Fonte: Portal São Francisco.

Os primeiros indícios do nascimento da escrita remetem à região baixa da antiga Mesopotâmia e datam de mais de 5.500 anos. Primeiramente, a escrita era formada por ideogramas que representavam uma palavra. Assim sendo, eram necessários diversos signos pictóricos para representar objetos, experiências e ideias na busca pela comunicação.

O alfabeto foi inventado na Mesopotâmia há aproximadamente 5.500 anos.
Fonte: www.anchacow.ki.org/Ruters_of_Egypt

Numa segunda fase, a escrita se aprimora, deixa de representar o objeto em si e passa a adquirir valores fonéticos, e assim começa a prescindir de alguns sinais que antes eram necessários.

Essa "síntese" dos signos em indícios sonoros se desdobra nos primeiros alfabetos, que surgem a partir da decomposição das palavras/desenhos em sons simples.

O épico de Gilgamesh, da antiga Sumeria é talvez a mais antiga história conhecida no mundo. (2750-2500 a. C.)
Fonte: www.kchanson.com/PHOTOS/gilgtab.html

Essas primeiras tentativas de escrita criam uma gramática própria, que se funda nos mesmos princípios das atuais, ou seja, narrar a vida e comunicar ao outro o que vivemos, sentimos e pensamos.

O primeiro povo a decodificar as palavras em sons e a criar signos para representá-los foram os fenícios. A escrita então evoluiu e passou a ser alfabética, ou seja, os sons passaram a ser representados por uma combinação de letras, sendo frequentemente formados por uma vogal e uma consoante. Foi o alfabeto fenício arcaico, que deu origem a todos os alfabetos atuais. Muitas variações e percursos decorrem dessas primeiras construções, e novos alfabetos foram desenvolvidos no Egito, Grécia, Roma e até mesmo na China, que mantém até hoje uma escrita baseada em ideogramas.

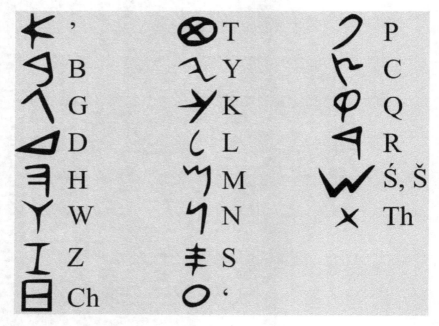

Alfabeto fenício
Fonte: Antropology.net

O desenvolvimento e a difusão da escrita aconteceram ao longo dos tempos. Inicialmente, poucas pessoas aprendiam a ler e escrever, pois essa era uma habilidade restrita a um pequeno grupo, que usava a escrita para organização prática como o registro do tempo, das provisões etc.

Aos poucos, a escrita ampliou sua abrangência e passou a ser utilizada para outros fins, como o registro de descobertas e apoio à memória, para comunicação de experiências e trocas de informações entre pessoas distantes.

Na Grécia Antiga, histórias, mitos e vivências passaram a ser documentados pela escrita, e assim nasceram as primeiras manifestações que depois deram origem à literatura.

Nessa época, como por muitos séculos, o domínio da leitura e da escrita se manteve restrito a poucos, como filósofos, religiosos, entre outros. Ler e escrever conferia poder aos que detinham esse conhecimento, e essa situação de pouco acesso à escrita se manteve até o início do século XX.

No Egito Antigo, eram os escribas que dominavam a arte de ler e escrever, e assim registravam o que ditavam os poderosos faraós, que nem sempre eram alfabetizados.

Durante a Idade Média, a força da palavra sobrepunha-se à escrita, e narrativas orais circulavam entre os povos. Contadores de histórias transmitiam cultura entre as gerações, e alguns escritores, como os irmãos Grimm, por exemplo, incumbiram-se de documentar fábulas e aventuras que misturavam ficção e realidade. Notícias escritas também começaram a chegar do "novo mundo", a partir das grandes navegações e descobertas de novos territórios como a América.

No final do século XVIII, acontece a Revolução Industrial e com ela significativas mudanças vêm alterar a organização social até então existente. A produção em massa e os avanços tecnológicos levam à extinção de pequenos comércios e dão lugar a produtos fabricados em grande escala, que ameaçam a classe de artesãos e trabalhadores rurais. Esses, por sua vez, são substituídos pelos operários, que precisam se capacitar para realizarem o trabalho nas fábricas e indústrias nascentes. A partir desse momento, a transmissão de conhecimentos, que em muitos casos se realizava no âmbito doméstico e respondia às demandas de cada família, passa a ser de responsabilidade do Estado e visa à preparação da população para atender à crescente demanda da indústria.

No final do século XIX, as cidades começam a se transformar por decorrência das mudanças econômicas e sociais e isso repercute diretamente na organização educacional e profissional.

Muitos ofícios, ensinados de pais para filhos, carregados de afetos e tradições familiares, tornam-se raros. Assim, o sapateiro não mais ensina seu ofício aos seus filhos, assim como o padeiro deixa de transmitir aos seus filhos o modo de fazer pão.

Uma parte da população passa a frequentar a escola obrigatória, e aprender a ler e escrever passa a ser uma necessidade cada vez maior e sinônimo de poder e sucesso.

Essas mudanças trazem uma possibilidade maior de mobilidade social por meio da educação, mas também retiram alguns aspectos importantes das experiências constitutivas dos sujeitos como o convívio familiar, as experiências e encontros vividos nesses contextos.

Desde aquela época até os tempos atuais, a leitura e escrita ganham cada vez mais espaço e importância em nossa sociedade. Mas em muitos momentos são consideradas conhecimentos distantes e pouco acessíveis para as pessoas, o que as intimida em se lançarem a este desafio.

1.2 Em nossas escolas, o ensino da escrita parte de necessidades reais das crianças?

Se anteriormente a escrita se limitava a um uso prático de registro de informações importantes e era reservada a uma restrita elite, atualmente ela assume outro lugar e pode ser considerada fundamental para a constituição dos sujeitos.

Pesquisas de diversas áreas indicam que o papel da leitura e da escrita na formação do sujeito é muito profundo. Ler e escrever são recursos que funcionam como porta de entrada para a cultura, permitem o acesso a diferentes formas de informação, são fonte de conhecimento científico, artístico, tecnológico, entre outros.

Além de necessários para resolver questões práticas do cotidiano, como escrever, ler nomes de ruas, de ônibus, consultar listas, telefones, rótulos de produtos, revistas, jornais, os conhecimentos de leitura e escrita, funcionam como um importante meio de comunicação entre as pessoas.

Hoje sabemos que ler é muito mais do que atribuir significados a palavras isoladas, em um exercício mecânico. O domínio da leitura e da escrita permite ao sujeito assumir-se, posicionar-se, refletir e desenvolver consciência crítica sobre o que é lido.

Por meio da leitura e interpretação de textos se compreende os direitos e os deveres reservados às pessoas na sociedade, é possível apropriar-se de bens culturais, conhecer a história e os hábitos de um povo e, como consequência, é por meio da escrita e da leitura que são transmitidos valores sociais, morais e culturais de uma geração a outra.

A leitura também oferece prazer ao sujeito, pois por meio da literatura ele alimenta sua sensibilidade e criatividade. Quando lemos, imaginamos cenários, personagens e situações. A literatura participa de forma fundamental do desenvolvimento da produção de textos dos alunos, pois escrever é tomar o caminho oposto, imaginar primeiro e transcrever depois.

Então, é de fundamental importância que a escola ensine aos alunos não somente o aspecto formal da escrita, mas também como fazer bom uso dela e o porquê da sua importância.

Os professores – sejam eles de qualquer disciplina, uma vez que a escrita e a leitura permeiam todas as áreas – devem estimular os alunos a compreender textos, interpretá-los e levantar hipóteses sobre eles. Além disso, devem incentivá-los a usar a criatividade e a desenvolver seus próprios textos, explorando os diferentes gêneros e funções da escrita e da leitura. Com o uso sistemático da leitura e da escrita, os alunos poderão se apropriar cada vez mais desse importante recurso e desfrutar plenamente das possibilidades que eles oferecem.

Essa, precisa ser uma responsabilidade constante da escola e dos professores que nela atuam. Não podemos perder de vista que nossa função vai muito além de ensinar letras e números, e também não se restringe ao ano letivo que passamos com nossos alunos.

As experiências vividas nesse período transformam-se em memórias que acompanharão as crianças por toda sua vida. Daí a importância de cuidar para que elas sejam muito significativas para todos os envolvidos no processo.

1.3 Em busca de bons encontros...

Cientes do dever e da potencialidade da escola em participar positivamente da vida das crianças, temos pensado em formas de proporcionar a elas, nesse espaço, experiências verdadeiras e significativas, que ajudem a construir sujeitos plenos e aptos a enfrentar os desafios do mundo.

Porém, em muitos momentos, a escola se apresenta pouco acolhedora, distante do diálogo que se estabelece nos verdadeiros encontros, e, assim, limita-se à reprodução de valores da sociedade que não consideram o aluno em sua especificidade e potência. Se desejamos mudar esse estado de coisas, é preciso transformar.

A tarefa de transformação do lugar e função da escola em nosso tempo exige de todos nós a identificação de alguns paradigmas dominantes de nossa cultura e a tomada de consciência sobre eles. Vivemos um tempo de contradições. Um tempo de muitos acontecimentos, mas de poucas experiências, aquelas de verdade, que deixam marcas e se transformam em memória. Vivemos um preparo que se transforma em despreparo. A informação é excessiva, mas o acesso e compreensão a ela é limitado; o tempo é precioso, mas não conseguimos aproveitá-lo. A escola propõe criatividade, mas busca resultados; propõe cooperação, mas exige competição. As relações, por sua vez, estão cada vez mais numerosas e superficiais. Hoje pode se ter 500 amigos virtuais e nenhum amigo real...

Esses aspectos repercutem nas relações que as crianças e professores estabelecem com a educação e interferem no ensino e na aprendizagem. Em tempos em que se valorizam os talentos, resta pouco espaço para o esforço e a perseverança, de quem ensina e de quem aprende. Porém sabemos que aprender exige dedicação, empenho e novas acomodações...

Sobre o momento peculiar que vivemos, escreve a jornalista Eliane Brum:

"Ao conviver com os bem mais jovens, com aqueles que se tornaram adultos há pouco e com aqueles que estão tateando para virar gente grande, percebo que estamos diante da geração mais preparada – e, ao mesmo tempo, da mais despreparada. Preparada do ponto de vista das habilidades, despreparada porque não sabe lidar com frustrações. Preparada porque é capaz de usar as ferramentas da tecnologia, despreparada porque despreza o esforço. Preparada porque conhece o mundo em viagens protegidas, despreparada porque desconhece a fragilidade da matéria da vida. E por tudo isso sofre, sofre muito, porque foi ensinada a acreditar que nasceu com o patrimônio da felicidade. E não foi ensinada a criar a partir da dor".

Essas constatações nos indicam que é preciso mudar. Transformar. Se acreditamos na força do saber como uma experiência emancipatória, que nos afeta e nos atravessa, é preciso resistir às pressões sociais e propor novas referências. Que respeitem o sujeito, sua singularidade, suas capacidades, seus direitos e responsabilidades.

O diálogo, as trocas e interações ampliam nossos saberes sobre o outro, sobre o mundo e sobre nós mesmos. Vivemos, assim, uma importante experiência de pertencimento: ao nos colocarmos em sintonia com nossos alunos e colegas professores, temos a oportunidade de aprender sobre a história do pensamento humano, sobre o próprio homem inserido no seu tempo e espaço. Tais experiências colaboram para nossa consciência crítica sobre o real e sobre nós mesmos.

O exercício da metacognição, de pensar sobre o próprio processo de pensar, participa de nossas transformações e determina as relações que estabelecemos com o mundo. Essa tomada de consciência nos concede a possibilidade de deixarmos o discurso que nos aprisiona e nos lança ao desafio de reinventar caminhos em direção de experiências de compromisso e dedicação aos pressupostos que construímos.

Nossa cultura, mais especificamente a história da educação, está carregada de situações que limitam o desenvolvimento pleno dos potenciais de crianças e adultos. Muitas vezes, a busca por responder às demandas sociais por qualidade e eficiência impede o professor de entregar-se ao encontro com as crianças e suas aprendizagens, pois, em nome de um suposto controle, ele se furta a essa importante experiência de um contato intenso e verdadeiro. A presença, o contato real, a possibilidade de estabelecer-se o diálogo são fundamentais para o educador que se propõe parceiro da criança no exercício de aprender. E o desenvolvimento de uma atitude atenta e interessada é condição de entrada para a transformação do seu discurso e das suas ações.

É preciso abrir, ampliar o olhar e deixar que novas percepções iluminem o espaço, como raios de sol que invadem o ambiente numa manhã de primavera. Assim, construímos novos observáveis e então podemos identificar a potência das crianças. Vemos que elas chegam à escola trazendo suas ideias sobre o mundo, sobre a leitura, a escrita, a matemática, as relações sociais... Elas revelam seus conhecimentos por diferentes vias, e cabe a nós, professores, apurar nosso olhar para captá-los. Para isso, precisamos desenvolver um olhar curioso e investigativo, que identifique por meio dos gestos, olhares, movimentos e colocações as intencionalidades das crianças.

Segundo Larrossa (2002):

> "Se a experiência é o que nos acontece e se o saber da experiência tem a ver com a elaboração do sentido ou do sem-sentido do que nos acontece, trata-se de um saber finito, ligado à existência de um indivíduo ou de uma comunidade humana particular; ou, de um modo ainda mais explícito, trata-se de um saber que revela ao homem concreto e singular, entendido individual ou coletivamente, o sentido ou o sem-sentido de sua própria existência, de sua própria finitude. Por isso, o saber da experiência é um saber particular, subjetivo, relativo, contingente, pessoal. Se a experiência não é o que acontece, mas o que nos acontece, duas pessoas, ainda que enfrentem o mesmo acontecimento, não fazem a mesma experiência. O acontecimento é comum, mas a experiência é para cada qual sua, singular

e de alguma maneira impossível de ser repetida. O saber da experiência é um saber que não pode separar-se do indivíduo concreto em quem encarna. Não está, como o conhecimento científico, fora de nós, mas somente tem sentido no modo como configura uma personalidade, um caráter, uma sensibilidade ou, em definitivo, uma forma humana singular de estar no mundo, que é por sua vez uma ética (um modo de conduzir-se) e uma estética (um estilo). Por isso, também o saber da experiência não pode beneficiar-se de qualquer alforria, quer dizer, ninguém pode aprender da experiência de outro, a menos que essa experiência seja de algum modo revivida e tornada própria."

Na escola, mediada pelos adultos nos diferentes momentos do seu cotidiano, a criança estabelece trocas com os colegas e o ambiente, e, assim, num exercício de bricolagem, dá novas formas às suas experiências, integrando conhecimentos e vivências, a casa e a escola, o individual e o coletivo. Por meio de diferentes linguagens, inicia-se uma construção de significados compartilhados.

A socialização se define como o processo de incorporação e transformação das normas que regem a convivência social; assim, faz-se referência a pautas, normas, hábitos, atitudes e valores que se adquirem na interação com os outros. Há que se considerar também uma dimensão de socialização com a família e outros agentes externos à escola, uma vez que o contexto social, a comunidade em que a criança está inserida, é seu território vital. Ele ratifica as aprendizagens escolares e sociais e acolhe a criança como sujeito social.

As aprendizagens que acontecem na escola e aquelas vividas fora dela se diferenciam por suas orientações, uma vez que na escola elas respondem aos objetivos previstos para cada etapa escolar e, portanto, têm direção, intencionalidade e sistematização.

Vygostky (1994) ressalta a importância da socialização em todo processo de aprendizagem. Para o autor, o desenvolvimento humano se realiza na cultura, e ela tem um papel fundamental e transformador no desenvolvimento da consciência humana.

Ele afirma que, na interação, as crianças são capazes de desempenhar funções mais complexas do que aquelas que estariam disponíveis a elas no âmbito individual. Definem-se, assim, os conceitos de zona de desenvolvimento proximal e real. Ou seja, ao poder contar com a parceria dos colegas, ou dos professores, as crianças acessam importantes capacidades humanas as quais ainda não dispõem quando sozinhas.

Para Vygostky, o que nos caracteriza humanos são nossas capacidades de consciência autorreflexiva, que é a possibilidade de pensar sobre si mesmo e retomar experiências, a linguagem e a poética, que são habilidades de narrar a própria história, registrar e compartilhar experiências, o raciocínio, o pensamento lógico, a atenção voluntária e a memória associativa. Essas faculdades nos permitem resolver problemas, produzir obras artísticas, inventar instrumentos e artefatos e nos comover diante de manifestações estéticas. Todas essas capacidades revelam-se mais disponíveis em situações de interação e troca.

Ao considerarmos a participação do social na aprendizagem da leitura e escrita, chegamos ao letramento como uma compreensão mais ampla dessa apropriação. O letramento se define como o processo cognitivo-criativo de compreensão do mundo. Esse processo não se limita a aprender a ler e escrever. Mas pressupõe um uso amplo e autônomo das letras. Nesse sentido, ser letrado é mais do que ser alfabetizado. Essa ampliação do conceito de alfabetização decorre do fato de que as sociedades do mundo inteiro estão cada vez mais centradas na escrita.

Consequentemente, ser alfabetizado – isto é, saber ler e escrever – tem se revelado condição insuficiente para responder adequadamente às demandas contemporâneas. É preciso ir além da simples aquisição do código escrito, é preciso fazer uso da leitura e da escrita no cotidiano, apropriar-se da função social dessas duas práticas: é preciso letrar-se.

Além disso, a cada momento, multiplicam-se as demandas por práticas de leitura e de escrita, não só na chamada cultura do papel, mas também na nova cultura da tela, como pode ser chamado o conhecimento mobilizado pelos meios eletrônicos. Por isso, se uma criança sabe ler, mas não é capaz de ler um livro, um jornal, ou se sabe escrever palavras e frases, mas não é capaz de escrever uma carta, ela pode ser considerada alfabetizada, mas não letrada. Em sociedades grafocêntricas como a nossa, as crianças de diferentes classes sociais convivem com a escrita e com práticas de leitura e escrita cotidianamente, o que significa que vivem em ambientes de letramento.

As crianças começam, portanto, a "letrar-se" a partir do momento em que nascem em uma sociedade letrada. Rodeadas de material escrito e de pessoas que usam a leitura e a escrita, nossas crianças, desde cedo, vão conhecendo e reconhecendo as práticas de leitura e de escrita.

O problema é que crianças das camadas desfavorecidas têm um convívio menos frequente e menos intenso com textos impressos do que as crianças das classes sociais mais favorecidas. Por isso, a entrada das crianças aos seis anos de idade na escola pública pode significar uma oportunidade para essas crianças terem acesso e contato com materiais escritos e com práticas de leitura e de escrita mais cedo, ampliando, assim, seu tempo de aprendizagem desses conhecimentos.

Para que isso ocorra, é importante que a escola proporcione aos alunos o contato com diferentes gêneros e suportes de textos escritos, por meio, por exemplo, da vivência e do conhecimento dos espaços de circulação dos textos, das formas de aquisição e acesso aos textos e dos diversos suportes da escrita. Esses aspectos serão desenvolvidos posteriormente.

A utilização do termo alfabetização faz referência à capacidade de compreender os signos produzidos por outros e por meio de situações especificamente planejadas para aprender a utilizá-los de forma a produzir novos significados, isto é, conhecer, interpretar e modificar o ambiente por meio da linguagem escrita.

A alfabetização reconhece que a criança tem capacidade de criar estruturas funcionais (organização perceptivo-motora, memória, estruturação conceitual, organização linguística etc.) que lhe permitem se adaptar ao meio, apropriar-se e exercer uma atividade criativa suscetível de modificações, incluindo o próprio meio em que está.

Socialização e alfabetização são processos que se desenvolvem de maneira simultânea em uma escola comprometida com a formação de sujeitos sociais, capazes de comunicar-se, participar realmente, cooperar, construir conhecimentos, expressar-se de maneira livre e criativa.

A prática sociointeracionista, baseada nos pressupostos de Vygostky, resgata o papel dos professores como coautores do processo de ensino-aprendizagem, conferindo-lhes o lugar de mediadores da cultura e detentores de conhecimentos importantes acerca dos conteúdos a serem ensinados e dos percursos vividos pelas crianças quando aprendem. Ao conceber o seu trabalho com as crianças, o professor se deixa levar pelos caminhos de aprendizagem de seus alunos, recorre aos seus saberes docentes para apoiá-los, busca o aluno onde este está, (zona de desenvolvimento real e proximal) para que, com sua ajuda, de parceiro mais experiente, possa proporcionar avanços em seus conhecimentos – é a ajuda ajustada.

Ajuda ajustada é um conceito que decorre das ideias de Vygostky sobre as relações entre desenvolvimento e aprendizagem. Para esse autor, oferecer uma ajuda ajustada à aprendizagem significa criar uma zona de desenvolvimento proximal, ou seja, um espaço potencial de aprendizagem e nele intervir, proporcionando avanços nos conhecimentos. Por exemplo, no caso da escrita, ao propor às crianças que localizem a palavra macaco numa lista de nomes de animais, estamos organizando um contexto favorável (ao garantir um campo semântico delimitado e incentivar que recorram aos saberes já construídos) para que enfrentem uma atividade desafiadora, porém possível de ser realizada. Assim, conseguimos ir além do que conseguiriam sozinhos, a transformação no que diz respeito aos seus conhecimentos e às ferramentas mentais que pode utilizar.

É importante que o professor considere que o conhecimento de cada aluno se constitui de forma única, pois, quando a criança aprende algo novo, esta aprendizagem está enlaçada a tantas outras de sua vida e, portanto, a representação que faz do que aprendeu é singular.

Esta é a aprendizagem significativa, a que é significada pelo aluno, de acordo com suas experiências anteriores, com seu desejo de aprender e com os conteúdos destas situações reais. Dar voz ao que os alunos aprendem é dar valor ao processo de pensamento, que é único, aparentemente invisível, mas que, quando comunicado, expressa suas pesquisas, seus esquemas, suas reflexões.

Esquemas

Esquemas são estruturas cognitivas resultantes da interação do indivíduo com o meio. Sabemos que o ser humano aprende na interação com o ambiente e, desse encontro, são formados esquemas, que são a organização das informações que guardamos a partir desse contato e que nos ajudam a compreender intelectualmente o mundo e a nos relacionarmos com ele. São maneiras de pensar e agir no mundo.

Desde muito pequenas as crianças começam a construir seus esquemas, que envolvem aprendizagens motoras e mentais. Essas estruturas se modificam com o crescimento e desenvolvimento do sujeito e tornam-se cada vez mais refinadas à medida que a criança torna-se mais apta a generalizar os estímulos. Os primeiros esquemas que se formam são chamados de sensório-motores, pois estão diretamente ligados às primeiras experiências do bebê, que reage corporalmente ao mundo nessa fase da vida, e explora as sensações e ações relativas ao seu corpo.

O professor precisa, para ser medidor, ser leitor de processos de pensamento, ser pesquisador dos arranjos que cada um faz internamente no exercício de construção de conhecimento, saber interpretar o que estão querendo aprender e, para isso, precisa ser investigador, instrumentalizando-se para atuar de forma a apoiar as descobertas de seus alunos. É importante que o professor tome consciência de suas dificuldades e possibilidades, pois assim pode desenvolver os conhecimentos e habilidades necessárias para o exercício de seu trabalho.

Soligo (2003) discute a importância dos conhecimentos didáticos necessários para empreender a tarefa de ensinar a leitura e escrita, e aponta que nem sempre dispomos dos saberes necessários para uma prática pedagógica competente, que garanta aos docentes a possibilidade de assumir ações precisas e instrumentalizadoras no diálogo com seus alunos.

Tais conhecimentos indicam a necessidade de preservar o sentido do objeto de ensino para o sujeito da aprendizagem, o que, no caso da alfabetização, significa **criar na escola o sentido que a leitura e a escrita assumem como práticas sociais no mundo.**

Esse tem sido um grande desafio, pois, com a intenção de ensinar, a escola tem simplificado os conteúdos da leitura e escrita, muitas vezes reduzindo-os a exercícios repetitivos e desvinculados da sua verdadeira significação. Ao compreender a leitura e escrita como um código a ser decifrado, ou como um conjunto de informações a serem memorizadas, por exemplo, desconsideramos aspectos importantes desse importante sistema de comunicação.

O que buscamos é conciliar as necessidades (e limitações) da escola com o propósito de formar leitores e escritores, empreendendo a articulação entre os propósitos didáticos que permitem o acesso à leitura e à escrita na escola com as intenções comunicativas que as caracterizam fora dela.

Entendemos o sistema de escrita como um conteúdo conceitual complexo, que se desdobra em dois processos igualmente importantes:

1. Compreender a natureza do sistema alfabético de escrita – a representação gráfica da linguagem, com as relações entre letras e sons, a segmentação das palavras, as regras ortográficas;

2. Compreender o funcionamento da linguagem escrita – suas características específicas, suas diferentes formas, gêneros e discursos.

Esses dois processos acontecem simultaneamente: ao mesmo tempo em que o aluno reflete e aprende sobre o sistema alfabético de escrita, ele aprende como a língua escrita é utilizada socialmente, o que são textos, quais seus usos e como a linguagem que se escreve é organizada. O conhecimento sobre o sistema alfabético de escrita é construído com o conhecimento sobre os textos e suas funções comunicativas.

Como já mencionamos, ao viver seu processo de alfabetização, ou seja, ao vivenciar situações que possibilitam a compreensão desse importante conceito, as crianças refazem percurso semelhante ao trilhado pela humanidade ao longo de seu processo de desenvolvimento.

Essa importante dimensão histórica e cultural nem sempre é considerada quando nos encontramos com nossos alunos e limitamos nossas ações às lições planejadas para o ano letivo. Como podemos ampliar esse olhar e viabilizar um encontro efetivo das crianças com a leitura e a escrita?

Para que isso aconteça, precisamos resgatar nossas próprias experiências de leitura e escrita. Como nossas histórias pessoais participam de nossa formação profissional? Elas se entrelaçam para constituir os sujeitos que somos e determinam muitas de nossas práticas como professores.

Além das experiências de vida, dos encontros dos professores com a leitura e a escrita, sua prática é influenciada também pelo seu percurso profissional, os caminhos de formação trilhados.

Segundo Soligo (2003), o processo de formação dos professores é fundamental para que as aprendizagens das crianças se efetivem. Um professor bem formado, convidado a experimentar boas situações de aprendizagem nas quais mobiliza seus saberes e faz circular seus conhecimentos, consegue proporcionar aos seus alunos situações semelhantes, e assim participa de seu desenvolvimento.

Esse tipo de formação pressupõe o desenvolvimento de competências profissionais, ou seja, da capacidade de enfrentar os diferentes desafios colocados pelo exercício da profissão. Ao considerarmos a formação sob essa perspectiva, precisamos cuidar para que seja pensada de forma cuidadosa e específica, garantindo os conteúdos próprios do percurso – aprendiz de alunos, professores e formadores. Isso pede movimentos singulares para cada instância, e não mera reprodução em cadeia dos mesmos conteúdos que, por vezes, se repetem consecutivamente, sem considerar as especificidades de cada momento.

Assim, para que os alunos tenham acesso a boas situações de aprendizagem da leitura, os professores precisam ser capacitados a viabilizar essa aproximação, o que prevê não apenas vivências e sensibilização de leitura, mas sim procedimentos utilizados para ler, importância dos modelos de leitores para os aprendizes, trabalho com a diversidade textual, relação entre os gêneros e os tipos de estratégias que demandam, fatores que interferem na proficiência de leitura, entre outros. Tais aspectos sustentarão a ação do professor para que ele desenvolva competências profissionais para trabalhar adequadamente com a leitura na sala de aula, para se fundamentar melhor, para fazer intervenções pedagógicas de boa qualidade.

Os formadores, por sua vez, devem se responsabilizar pelo acompanhamento dos professores no encaminhamento dessas ações, bem como pelas estratégias metodológicas, articulações do currículo, entre outros conteúdos específicos da formação. Ou seja, em cada situação, os objetivos previstos (sejam as capacidades dos alunos ou as competências profissionais de professores ou formadores) são diferentes e demandam conteúdos também diferentes.

A metacognição acontece em diferentes momentos do processo – com os alunos, professores e formadores – e propicia a reflexão sobre os conteúdos de aprendizagens envolvidos em cada construção. Ela cria condições para que significados e sentidos possam ser reelaborados, apropriados de novas formas, acrescidos de novos comentários, olhares, para, assim, os sujeitos desfrutarem do prazer de aprender, de estudar e da liberdade para pensar, elaborar e expressar-se. A metacognição retrata um diálogo interno e externo, que causa imenso prazer e, como nos diz Alícia Fernandez, "o sentimento de autoria quando nos acontece, atravessa o corpo de alegria".

A troca, ou a comunicação das experiências que são frutos de buscas, de perguntas, entre as crianças, causam um impacto imenso em quem as recebe. O encantamento das crianças com o mundo impõe-se aos adultos de tal forma que se a escolha for por não percebê-lo, o encontro não acontece. A ausência do professor é sentida pela criança que não tem suas perguntas acolhidas. Elas experimentam o silêncio que encerra o diálogo, que interrompe o fluxo de conhecimentos e trocas.

O professor que se sabe educador não dá às costas às perguntas, aos casos, às expressões, ao que dizem seus alunos. O professor presente é delicado, escuta e devolve às crianças, por meio de suas intervenções, novas perguntas, ajudando-os a compreender como funciona o mundo, ampliando suas leituras e acompanhando suas escritas sobre ele.

Segundo Scatolin (2007, inédito):

"O ato de presença é um ato de valor ao humano, presença valorada pelo diálogo, pelo jogo de perguntas que vai e vem... Quando escuta genuinamente seu aluno, o professor se conecta em busca das significações que marcaram a sua experiência, descobre, ou se aproxima das grandes emoções que lhe intrigam, que lhe faltam, movem. O professor tem o alcance de caçador de perguntas, é também um pescador de encantamentos, socializa palavras carregadas de sentidos e emoções, ao ser tocado, se põe cheio de poder para buscá-las, escová-las, para generosamente ao lado do perguntador, ou contador de experiências, casos, tonificá-las, expandi-las para o grupo, coletivizá-la".

Estas situações, após serem socializadas, vividas no grupo, passam a ser de todos. Todos carregam um pedaço do aluno protagonista, do professor protagonista; a experiência destes vai se enlaçando às experiências dos outros e se tornando um pouco de cada um. Este processo de socialização das vivências é conhecimento do outro, de si e do mundo. O caso contado, a vivência, a pergunta, a palavra, a descoberta, a leitura passam a ser de todos e a constituir um repertório comum.

O fortalecimento da escola em direção a um ambiente relacional – que dê suporte a estas mudanças de paradigmas, onde os profissionais sintam a interdependência nas relações de trabalho, o pertencimento a concepções comuns, o respeito às diferenças, o diálogo, a escuta – é condição para que estes valores/atitudes moldurem as infinitas aprendizagens dos profissionais e das crianças que acontecem nesse espaço. ∎

2 Com que roupa eu vou? Os gêneros textuais e sua importância para formar usuários reais da língua escrita

A ideia de iniciar nosso capítulo sobre os gêneros textuais com essa brincadeira sobre formas de vestir, relembrando uma frase muito corriqueira em nosso dia a dia, tem como principal objetivo ressaltar o caráter comunicativo da linguagem. Este é um aspecto que merece atenção, pois, como a escrita alfabética pode transcrever tudo o que é dito, por vezes ficamos tentados a considerá-la apenas como uma representação completa e literal do que se fala. Isso não é real! Assim como nem todas as roupas são iguais, nem todos os textos são iguais, certo? A transcrição da fala é apenas uma parte do sentido da escrita. A forma gráfica não esgota as possibilidades de compreensão e os múltiplos sentidos da linguagem verbal, é preciso ampliar o olhar, buscar significados e interpretações que são fornecidos pelo contexto.

A escrita é socialmente contextualizada, ou seja, seus sentidos não residem nas palavras escritas, mas no contexto em que se inserem. Assim como usamos diferentes tipos de roupas em diferentes ocasiões, os textos também apresentam sentidos diversos, variando de acordo com os contextos. Nesse sentido, assim como em muitas situações não basta estar vestido, é preciso estar vestido adequadamente, com a escrita acontece a mesma coisa: não basta escrever, é preciso aprender a escrever (e ler) diferentes textos que se adéquam a diferentes situações.

O que define a roupa que devemos vestir é o contexto, a ocasião ou situação em que nos encontramos. Por exemplo, usamos para uma festa, formatura ou casamento trajes específicos, diferentes daqueles que usamos para ir à praia ou ficar em casa. Assim como nos locais em que faz muito frio, as pessoas usam roupas próprias para a proteção conta o vento, neve etc.

O mesmo princípio se aplica aos textos: eles são diferentes entre si e definidos de acordo com propósitos comunicativos específicos, ou seja, eles devem ser escolhidos "sob medida" para cada necessidade. Se desejamos nos lembrar das coisas a serem compradas no mercado, que tipo de texto se ajusta melhor? Uma lista! E se precisamos mandar notícias a alguém que está distante? Podemos escrever uma carta ou um e-mail. Já se buscamos diversão e fruição, nada melhor que um romance ou outro texto literário...

Propósito comunicativo

Propósito comunicativo é o que define a intenção de determinado texto oral ou escrito. É o objetivo da linguagem escrita no dia a dia. Ou seja, em sua função social – para que serve a escrita e como ela é usada. Para fins de ensino, é proposto também conceito de propósito didático, que é o ensino "puro" da linguagem verbal, ou seja, qual a melhor forma de oferecer acesso à linguagem escrita de forma a ajudar as crianças em sua compreensão.

Lista
Fonte: Josca Ailine Baroukh

Livros literários

Segundo Marcuschi (2009), gêneros textuais são fenômenos históricos, profundamente vinculados à vida cultural e social. Eles resultam de uma construção coletiva e contribuem para ordenar e estabilizar as atividades comunicativas do dia a dia. Para o autor, toda produção linguística se desenvolve por meio de diferentes gêneros, que funcionam como substrato, o cenário para a expressão e comunicação humana, tanto no plano oral quanto no escrito.

Por responderem a necessidades e atividades socioculturais, podemos afirmar que os gêneros definem as mais diversas esferas comunicativas. Por isso, pautar o trabalho de alfabetização e ensino da linguagem escrita nos gêneros é uma forma de garantir o pleno acesso das crianças a este universo. Ao desenvolverem habilidades para participar dessas práticas, por meio da aprendizagem dos gêneros, as crianças ganham condições de se experimentarem usuárias reais da língua e participantes ativas da cultura.

Outra característica importante dos gêneros é seu caráter ambivalente: eles trazem em si um componente orgânico, vivo e maleável que se modifica de acordo com os movimentos do contexto social, respondendo a inovações tecnológicas, por exemplo. Ao mesmo tempo, cada gênero em si é relativamente estável, por integrar conteúdos – propriedades funcionais, estilo, composição e características próprias de cada um – que o define.

Para fins didáticos, organizamos os gêneros em grandes blocos, que correspondem às esferas de atividade de linguagem humana, sendo as principais a literária, que engloba toda a produção ficcional como contos, crônicas, poemas, cantigas, romances, lendas, entre outros. A jornalística/acadêmica inclui as notícias, os textos científicos, técnicos, manuais, os textos prescritivos como receitas etc. e, por fim, a epistolar/cotidiana, que acolhe as comunicações pessoais e do dia a dia, como cartas, e-mail, bilhetes, convites etc.

Quadro 2.1 Exemplos de gêneros por esfera de atividade da linguagem		
Esfera literária	Esfera jornalística/ acadêmica	Esfera cotidiana

Contos modernos
Contos populares
Mitos e lendas
Crônicas
Poemas
Cantigas
Parlendas
Romances
	Notícias
	Reportagens
	Textos científicos
	Textos técnicos
	Textos prescritivos
	  como manuais
	  receitas
		Bilhetes
		Convites
		Cartas
		E-mails
		Folders
		Encartes

Assim, além dos gêneros já conhecidos, como o literário, jornalístico e cotidiano, novos gêneros surgem como fruto das mudanças culturais, seja pelo uso de novos inventos ou de sua popularização, seja por novas formas de se comunicar no cotidiano. Vivemos, como podemos verificar, com o surgimento das conversas telefônicas ou videoconferências, no caso da linguagem oral; ou dos e-mails e livros eletrônicos, no caso da linguagem escrita.

Mais importante do que trabalhar com uma grande variedade de gêneros, é utilizá-los como instrumento para a compreensão e uso da linguagem verbal. Os gêneros são uma condição didática para trabalhar com comportamentos leitores e escritores e devem estar a serviço desses importantes conteúdos.

Se pretendemos formar leitores autônomos e críticos, capazes de reconhecer os textos como fonte de prazer e informação, circulando entre eles com conforto em busca de respostas para suas curiosidades e construindo assim suas preferências e gosto leitor, precisamos criar na escola situações de leitura significativas, o mais próximas possível daquelas que acontecem fora da escola, na vida cotidiana. Sendo assim, ler uma notícia de jornal, procurar informações numa enciclopédia ou divertir-se com um bom livro são práticas que devem ser assumidas pela escola como um compromisso irrevogável.

Da mesma forma, a escrita deve ser priorizada para que os alunos se transformem em escritores competentes, capazes de valorizar a escrita como forma de comunicação social, expressão e meio de organização das ideias, que consigam produzir textos de qualidade, dentro de gêneros específicos e propósitos comunicativos reais.

Para alcançarmos esse grande desafio, não basta ensinar a ler e a escrever. É preciso ensinar a ler e a escrever bem, com sentido e propósito. É fundamental que os gêneros estejam presentes no cotidiano escolar, circulem com frequência e regularidade e sejam trabalhados em toda sua complexidade.

As regularidades dos gêneros possibilitam a definição de expectativas de aprendizagem claras, que poder sem estabelecidas pelo professor a partir do diagnóstico das possibilidades de seus alunos e das metas e objetivos para cada etapa da escolarização.

No capítulo anterior, vimos que ler não é decifrar, e que escrever não é copiar nem juntar letras. O exercício de reflexão sobre o sistema de escrita é importante e vai muito além de sons e grafias.

O mesmo pode ser dito em relação ao trabalho com os gêneros. Não basta conhecer as características de um gênero para apropriar-se dele. Saber que uma lista traz palavras dispostas uma embaixo da outra, ou que uma notícia é composta pela manchete, "olho" e corpo são informações importantes, mas não suficientes para a compreensão de um gênero. Assim, o trabalho com gêneros deve ser cuidadosamente planejado de forma que os alunos tenham a oportunidade de "vivenciar" o gênero de diversas maneiras e nas mais variadas situações.

Uma forma instrumentalizadora de trabalhar com os gêneros é partir de suas principais características, que podem funcionar como baliza no acesso a eles. Retomando o conceito de gênero, poderíamos propor como eixos norteadores para o trabalho:

1. Temas – o que é dito no texto;

2. Estrutura – como o texto se organiza;

3. Recursos de estilo – construções que caracterizam o texto.

Retomaremos esse esquema posteriormente, ao trabalharmos com projetos e sequências. Para exemplificar a proposta, tomemos um gênero bastante presente na prática com crianças da educação infantil e dos anos iniciais do ensino fundamental, os contos de fadas, por exemplo, Rapunzel. No exercício de organizá-lo dentro dessa proposta, teríamos:

Tema: menina de longos cabelos que é tirada da família e presa numa torre por uma bruxa;

Estrutura: apresenta começo, meio e fim bem definidos. Inicialmente, explica-se que a história aconteceu no passado, situa-se o cenário, apresenta-se o conflito e a resolução. Muitas vezes ilustrações acompanham a história;

Recursos de estilo: traz marcadores típicos e característicos, com o início por "era uma vez" ou "há muito tempo, num reino distante"; quase sempre existe uma frase ou construção textual que se repete, e que podem ser rimadas ou não. Ex. "Rapunzel, jogue suas tranças cor de mel". O discurso direto e o diálogo entre personagens aparecem bastante. O final quase sempre traz: "e viveram felizes para sempre...".

Rapunzel

Há muito tempo atrás, um lenhador e sua esposa viviam felizes em uma aldeia. Estavam muito contentes, pois a mulher estava grávida do primeiro filho do casal.

Vizinha à casa do casal, vivia uma velha bruxa muito má, que nunca dava nada a ninguém. Sua casa era cercada por um alto muro que escondia um quintal com árvores e plantas de todas as qualidades, que produziam lindas frutas e legumes bem fresquinhos.

Da janela do quarto da casa do lenhador, tinha-se uma bela vista para o quintal e dali a mulher ficava horas olhando desejosa para os rabanetes que nasciam graúdos e bem vermelhos, na horta.

Um dia, a esposa ficou doente e não conseguia comer nada que o marido lhe oferecia. Tinha um único desejo: comer aqueles

Com que roupa eu vou?

rabanetes. Preocupado com a doença da mulher, o lenhador resolveu pegar alguns rabanetes da horta da bruxa. Esperou anoitecer, pulou o muro, pegou alguns rabanetes e os entregou à esposa. Hummm! Como estavam gostosos! A mulher quis comer mais rabanetes e o homem teve que voltar várias noites ao quintal da bruxa, pois, graças aos rabanetes, a mulher estava sarando.

Em uma dessas noites, enquanto o lenhador colhia os rabanetes, a bruxa o surpreendeu.
— Agora sei quem está roubando meus rabanetes! – disse a velha.

O homem tentou explicar o que estava fazendo ali, mas a bruxa já sabia de tudo. Para deixá-lo ir com os rabanetes, exigiu a criança que ia nascer. Muito assustado, o pobre lenhador não conseguiu dizer nada e saiu correndo.

Pouco tempo depois, nasceu uma linda menina, o que deixou o lenhador e sua mulher muito felizes, enquanto cuidavam da criança com todo amor. Mas um dia, a bruxa veio buscar a criança. Os pais choraram e imploraram, mas não adiantou. A malvada velha levou a menina e a chamou de Rapunzel.

Os anos se passaram, Rapunzel cresceu e se tornou uma linda jovem. Com medo de que roubassem Rapunzel, a bruxa resolveu prendê-la em uma alta torre na floresta, sem porta e com apenas uma janela, bem alta. Para entrar e sair da torre, a velha bruxa usava as tranças do cabelo de Rapunzel como escada.

Rapunzel, presa na torre, passava os dias trançando o cabelo e cantando com os passarinhos. Todas as vezes que a bruxa queria visitá-la, ia até a torre e gritava:

— Rapunzel! Jogue-me suas tranças!

A menina jogava as tranças e a bruxa as usava para escalar a torre.

Um belo dia, passava por ali um príncipe e ouviu Rapunzel cantarolando algumas canções. Muito curioso para saber de quem era aquela linda voz, caminhou ao redor da torre e percebeu que não havia entrada.

De repente, o príncipe ouviu um barulho, se escondeu e ouviu a velha bruxa gritando sob a janela:

— Rapunzel! Jogue-me suas tranças!

Na noite seguinte, o príncipe foi até a torre e imitou a voz da bruxa:

— Rapunzel! Jogue-me suas tranças!

Rapunzel obedeceu ao chamado, mas assustou-se ao ver o príncipe entrar pela janela.

— Oh! Quem é você? — perguntou Rapunzel.

O príncipe contou o que acontecera e declarou seu amor por Rapunzel. Ela aceitou se encontrar com ele, mas pediu que os encontros fossem às escondidas, pois a bruxa era muito ciumenta.

Um dia, a bruxa descobriu os encontros da menina com o príncipe e cortou suas tranças. Chamou seus corvos e ordenou que levassem Rapunzel para o deserto.

O príncipe, que não sabia de nada, foi visitar Rapunzel. A bruxa segurou as tranças da menina e as jogou para baixo. Quando ele chegou à janela, a bruxa largou as tranças. Ele despencou, caindo sobre uma roseira, feriu seus olhos nos espinhos e ficou cego.

Mesmo assim, o príncipe pôs-se a procurar sua amada Rapunzel, tateando e gritando seu nome. Andou por dias, até chegar ao deserto. Rapunzel ouviu o príncipe chamar por ela e correu ao seu encontro. Quando descobriu que o príncipe estava cego, começou a chorar. Duas lágrimas caíram nos olhos do rapaz e ele voltou a enxergar!

Assim, os dois jovens foram para o palácio do príncipe, se casaram e viveram felizes. Os pais de Rapunzel foram morar no palácio e a bruxa egoísta ficou com tanta raiva que desapareceu.

Com que roupa eu vou?

Interessante, não? Se pensarmos em outros contos de fadas, também chamados de contos maravilhosos, como "Chapeuzinho Vermelho", "Os três porquinhos", "Cinderela", entre outros, podemos perceber que a maioria deles obedece a estas características, pois são todos da mesma família de texto, ou seja, do mesmo gênero. Pode experimentar!

Outro aspecto importante é situar a origem de cada gênero para as crianças. Como ele surgiu? Quem são os principais escritores/representantes desse gênero? Em que tempo ou país ele é mais comum? De que época? Por exemplo, os contos de fadas já eram narrados em torno das fogueiras séculos atrás, nos mais distantes cantos do planeta. Originalmente eram histórias orais, que passavam de boca em boca e foram registradas em livros por alguns escritores, que viajaram pelo mundo coletando histórias, como os irmãos Grimm, na Alemanha; Charles Perrault, na França; Afanissiev, na Rússia; Câmara Cascudo e Sílvio Romero, no Brasil; Ítalo Calvino, na Itália, entre outros.

Por serem histórias que tratam de importantes questões humanas, como a responsabilidade, a passagem de criança a adulto, o conteúdo principal prevalece, mas existem muitas versões diferentes, que se remetem à cultura de origem.

Por exemplo, quando contavam a história da Chapeuzinho Vermelho, os pais queriam ensinar aos filhos que é importante sair sozinho, ser independente, mas é preciso tomar cuidado com estranhos. E assim, por meio da história, as crianças tinham a oportunidade de aprender coisas importantes, lidar com suas emoções e temores.

Luís da Câmara Cascudo, um grande escritor e pesquisador da cultura do Brasil, encontrou no Rio Grande do Norte interessantes versões de contos maravilhosos, que lembram muitos esses contos clássicos conhecidos.

Todos os países do Mundo, raças, grupos humanos, famílias, classes profissionais, possuem um patrimônio de tradições que se transmite oralmente e é defendido e conservado pelo costume. Esse patrimônio é milenar e contemporâneo. Cresce com os conhecimentos diários desde que se integrem nos hábitos grupais, domésticos ou nacionais. Esse patrimônio é o FOLCLORE. Folk, povo, nação, família, parentalha. Lore, instrução, conhecimento na acepção da consciência individual do saber. Saber que sabe. Contemporaneidade, atualização imediatista do conhecimento.[1]

Para saber mais

CASCUDO, Luís da Câmara. **Contos tradicionais do Brasil**. São Paulo: Global, 2000.

CASCUDO, Luís da Câmara. **Contos tradicionais do Brasil para jovens**. São Paulo: Global, 2000.

CASCUDO, Luís da Câmara. **Couro de piolho**. Ilustrado por Cláudia Scatamacchia. São Paulo: Global, 2001.

CASCUDO, Luís da Câmara. **O papagaio real**. Ilustrado por Cláudia Scatamacchia. São Paulo: Global, 2004.

CASCUDO, Luís da Câmara. **A princesa de Bambuluá**. Ilustrado por Cláudia Scatamacchia. São Paulo: Global, 2001.

CASCUDO, Luís da Câmara. **Facécias: contos populares divertidos**. São Paulo: Global, 2006.

GRIMM. **Contos de Grimm**. São Paulo: Cia. das letrinhas, 1996.

---

[1] Câmara Cascudo, Luís da. **Folclore do Brasil (pesquisas e notas)**. Rio de Janeiro/São Paulo: Fundo de Cultura, 1967. p. 9.

LISBOA, Henriqueta. **Literatura oral para a infância e a juventude**. São Paulo: Peirópolis, 2002.

MISTRY, Philip. **Volta ao mundo em 52 histórias**. São Paulo: Cia. das letrinhas, 1999.

ROMERO, Sílvio. **Contos Populares do Brasil**. São Paulo: Martins Fontes, 2007.

SALERNO, Silvana. **Viagem pelo Brasil em 52 histórias**. São Paulo: Cia. das Letrinhas, 2006.

2.1 Contextos de leitura e escrita – o diálogo entre oralidade e escrita

O rio que fazia uma volta
atrás da nossa casa
era a imagem de um vidro mole...

Passou um homem e disse:
Essa volta que o rio faz...
se chama enseada...

Não era mais a imagem de uma cobra de vidro
que fazia uma volta atrás da casa.
Era uma enseada.
Acho que o nome empobreceu a imagem.

Manoel de Barros

O trabalho com contextos de leitura e escrita tem como objetivo mostrar às crianças o quanto essas práticas estão presentes em nosso dia a dia e que podemos ter acesso a elas, seja qual for nossa realidade. Entendemos esses contextos como algo mais amplo do que a mera presença das letras e palavras escritas na vida das crianças e de suas famílias. Se pensamos em narrativas, em histórias de vida e experiências pessoais, todos nós temos o que contar.

Uma comemoração regional, uma canção de ninar que passa entre gerações, uma receita de família, um costume ou tradição que resiste ao tempo podem ajudar a contar a história e a definir a identidade de um grupo social. Esses são contextos que podem ser convertidos em leitura e escrita e conferem a essas práticas um caráter de registro, de memória.

Nos últimos tempos temos testemunhado uma dissociação cada vez maior entre a oralidade e a escrita. A linguagem escrita ganha cada vez mais espaço, é mais valorizada e mais respeitada do que a linguagem oral, que tem também um grande valor cultural, pouco apreciado e evidenciado pela escola e por nossa cultura em geral.

A tradição oral concentra importantes elementos que podem se combinar com os desafios da escrita, contribuindo para o domínio desse importante sistema. Em lugar de suprimir o oral em favor do escrito, deveríamos somar esforços, conjugando as diferentes formas de manifestação possíveis para promover a formação de sujeitos plenos, capazes de se comunicar por múltiplas vias, tendo respeitados seus saberes em toda a sua abrangência.

Pesquisas nos mostram que a oralidade se encontra intimamente ligada à infância e que a força afetiva de conhecimentos ou vivências que carregamos em nossa memória são fonte inesgotável de criatividade e podem sustentar e edificar novas aprendizagens. De onde vem o escrito, senão do oral?

Segundo Belintane (2006) os textos de tradição oral são operatórios e alfabetizadores no sentido que oferecem uma possibilidade de diálogo entre experiências de vida alojadas na infância, que trazem conhecimentos prévios importantes para os conteúdos escolares, por vezes distantes da realidade das crianças. Além do mais, eles podem funcionar como porta de acesso à escrita, uma vez que, compreendidos dentro das especificidades e características de cada gênero são matrizes textuais de qualidade, que contribuem para o domínio da escrita. Os gêneros podem estar pautados em rimas, como as parlendas, trava-línguas, fórmulas de escolha e as quadrinhas, na linguagem popular, como as cantigas e brincadeiras cantadas, ter a forma de repentes ou cordel, por exemplo.

A cultura de nosso país é rica em manifestações de tradição oral que precisam ser preservadas e valorizadas. Repentistas, trovadores, cordelistas, poetas populares e até mesmo cantores de Rap, que fazem verdadeiras improvisações poéticas, são considerados menos importantes do que os escritores, que manifestam sua criatividade na forma escrita.

Ao acessar o rico universo do oral, a escola ganha um grande aliado para ampliar ainda mais as possibilidades de aprendizagem de seus alunos, que por vezes se sentem acolhidos e reconhecidos em sua essência ao reencontrarem esses textos no ambiente escolar.

Tais conhecimentos oriundos da oralidade devem ser legitimados pela escola, pois eles participam do processo de aprendizagem das crianças desde muito cedo. Os jogos orais, brincadeiras e cantigas realizado fora da escola ajudam as crianças a internalizarem importantes conhecimentos relacionados à métrica, rimas e ritmos da língua. Eles também podem remeter a vivências de conforto e aconchego compartilhados com os pais, que ajudam na construção da subjetividade e percepção corporal, como, por exemplo, no caso das brincadeiras que convocam as crianças a reconhecerem partes do corpo ou movimentos ritmados.

Inspirado no poeta Manoel de Barros, Belintane (2006) brinca com os termos útil e "desútil", ao discutir o lugar da poesia (que nem sempre é valorizada) e afirma que:

> "Há um imenso agrupamento de gêneros na tradição oral dos quais tanto as famílias como os educadores podem dispor. Alguns armados em formato de verso, com suas quadras e rimas: cantigas de ninar, brincos, cantigas de roda, brincos, mnemonias, nonsenses, quadras e adivinhas etc.; outros na forma de narrativas ou mesmo em formatos mistos, combinando verso e prosa (como, por exemplo, o belíssimo conto acumulativo 'A história da coca'). É importante notar que esses textos se tramam com a fala útil, constituem uma verdadeira tessitura polifônica e é essa riqueza que amplia a leitura e o ler".

O autor alerta ainda para um cuidado importante: é preciso respeitar a singularidade desses textos, não corrigindo, ou "escolarizando" demais as propostas de trabalho com eles, pois isso comprometeria sua validade.

Os textos lúdicos da infância podem ser elencados em um currículo, entretanto é preciso ficar atento à descaracterização que eles sofrem quando são introduzidos por manuais de alfabetização. Uma adivinha pode muito bem aparecer para o aluno por meio da escrita, mas na essência esse gênero é oral, ou seja, é oferecido à memória do interlocutor e este ao receber o texto entra em atividades de associação com os seus antigos textos e recursos linguageiros (tenta buscar as metáforas, as alegorias, os nonsenses presentes na adivinha) – mas, veja bem, tudo isso no jogo oral. Uma parlenda, um brinco e todos os outros gêneros lúdicos exigem uma dinâmica de corpo e linguagem em que a presença do outro é fundamental, sobretudo nos primeiros anos do ensino infantil.

Entendemos que os contextos de leitura e escrita não se restringem somente ao ato de ler e escrever de próprio punho, mas sim de ler o mundo, narrar histórias e escrever realidades de formas diversas – por meio da poesia, de canções, histórias e brincadeiras. Outro aspecto importante é o tipo de aproximação e interpretação que tais contextos proporcionam. Ao se sentir desafiada por uma adivinha, aconchegada por uma canção de ninar ou estimulada por um conto acumulativo, cria-se um espaço de construção conjunta, que convoca a autoria e presença total das crianças.

Nesse contexto, as crianças se libertam de convenções e normas escolares que por vezes não dialogam com sua realidade e entravam seu pleno desenvolvimento. Ao se colocarem sem reservas, as crianças têm a oportunidade de acionar saberes pouco explorados que podem contribuir para seu aprendizado formal. Isso possibilita a apropriação efetiva de conhecimentos importantes que levarão ao domínio sobre o que leem e produzem, conseguindo ler e interpretar textos com propriedade e produzir textos coesos, coerentes e de autoria.

Muitos escritores famosos, reconhecidos pela qualidade de seu trabalho literário, trazem em suas obras referências à infância e relatam suas experiências de encontro com a linguagem quase sempre por meio do oral, como algo rico e instrumentalizador, que marca e inaugura seu percurso de escrita. Algumas sugestões de livros:

- *Infância*, de Graciliano Ramos. (Record, 2006)

- *As palavras*, de Jean-Paul Sartre. (Nova Fronteira, 2000)

- *História da Leitura*, de Alberto Manguel. (Cia das Letras, 1997)

- *A língua absolvida*, de Elias Canetti. (Cia das Letras, 1987)

Eu ainda não sabia ler, mas já era bastante esnobe para exigir os meus livros. Meu avô foi ao patife de seu editor e conseguiu de presente Os Contos do poeta Maurice Bouchor, narrativas extraídas do folclore e adaptadas ao gosto da infância por um homem que conservava, dizia ele, olhos de criança. Eu quis começar na mesma hora as cerimônias de apropriação. Peguei os dois volumezinhos, cheirei-os, apalpei-os, abri-os negligentemente na "página certa", fazendo-os estalar. Debalde: eu não tinha a sensação de possuí-los. Tentei sem maior êxito tratá-los como bonecas, acalentá-los, beijá-los, surrá-los. Quase em lágrimas, acabei por depô-los sobre os joelhos de minha mãe. Ela levantou os olhos de seu trabalho: "O que queres que eu te leia, querido? As Fadas?" Perguntei, incrédulo: "As Fadas estão aí dentro?" A história me era familiar: minha mãe contava-a com frequência, quando me levava, interrompendo-se para me friccionar com água-de-colônia, para apanhar debaixo da banheira o sabão que lhe escorregara das mãos, e eu ouvia distraidamente o relato bem conhecido; (...)

Ao cabo de um instante, compreendi: era o livro que falava. Dele saíam frases que me causavam medo: eram verdadeiras centopeias, formigavam de sílabas e letras, estiravam seus ditongos, faziam vibrar as consoantes duplas: cantantes, nasais, entrecortadas de pausas e suspiros, ricas em palavras desconhecidas, encantavam-se por si próprias e com seus meandros, sem se preocupar comigo: às vezes desapareciam antes que eu pudesse compreendê-las, outras vezes eu compreendia de antemão e elas continuavam a rolar nobremente para o seu fim sem me conceder a graça de uma vírgula.[2]

Alguns pesquisadores, entre eles Belintane, vão além na defesa do trabalho sistemático com os textos orais e afirmam que eles podem arejar e até mesmo ampliar a compreensão e encaminhamentos do processo de alfabetização das crianças. Propõem tratamentos didáticos em diferentes níveis além dos que já trabalhamos em relação às hipóteses descritas pela psicogênese da língua escrita, como o trabalho com fragmentos de palavras, desenhos combinados com textos, entre outros.

"Do mesmo modo, a fecundação mútua entre o oral e o escrito permite manejos didáticos mais interessantes por que abrem portas para a intertextualidade, que é a base da leitura e da produção. Existe uma intertextualidade racional, simples, em que um fragmento de texto aponta diretamente para um outro texto e existe uma outra mais velada, mais complexa, em que a polifonia nem sempre é tão evidente. Ambas são fundamentais, a segunda bem característica da agilidade inconsciente do texto desútil, das camadas linguageiras da infância." (Belintane (2006)

Podemos concluir que os textos de tradição oral funcionam como bons cenários para diferentes aprendizagens, eles oferecem as cores de cada região, e assim garantem situações de trabalho conectadas com o universo em que se inserem, acolhendo saberes e proporcionando que novas narrativas se desenvolvam.

---

2 Sartre Jean-Paul. *As palavras*. Tradução de J. Guinsburg. Rio de Janeiro: Nova Fronteira, 1984, 6ª. edição, p. 30-36.

2.2 Diversidade e continuidade – as contribuições de Mirta Castedo

A pesquisadora argentina Mirta Castedo, comprometida em desenvolver práticas para formar escritores e leitores autônomos e competentes, tem estudado amplamente as formas pelas quais as crianças podem acessar os gêneros e aprimorar seus conhecimentos acerca da leitura e da escrita.

Em seus trabalhos encontramos uma série de referências muito pertinentes e instrumentalizadoras para a alfabetização, letramento e domínio dos gêneros por parte dos alunos. Nas próximas páginas, retomaremos um pouco de suas excelentes contribuições. Fica registrado que toda sua produção é de suma importância dentro de nossa concepção e vale conhecer mais a fundo seu trabalho.

Para Castedo (1996), pensar nas situações de leitura para a alfabetização inicial implica pensar em situações não totalmente diferentes daquelas propostas para outras fases da escolaridade. A autora defende uma prática escolar de trabalho com leitura e escrita que se aproxime, sempre que possível, das formas com que leitura e escrita acontecem fora da escola, no cotidiano da vida. Outro aspecto enfatizado por ela é a necessidade de propor a diversidade de situações *tanto no nível inicial como durante toda a educação básica.*

Castedo afirma que as situações para a alfabetização inicial precisam se aproximar daquelas desenvolvidas nos anos escolares mais avançados e é necessário que se mantenham em processo de continuidade durante todo o processo de escolarização. Não basta apresentar e trabalhar os gêneros uma única vez para que eles passem a fazer parte do repertório das crianças. É preciso retomá-los periodicamente, revisitá-los em novas propostas, ampliando o grau de complexidade dos desafios para que os gêneros estejam sempre disponíveis e passem a integrar efetivamente a vida de nossos alunos.

Durante **toda a escolaridade**, tanto no nível inicial como na educação básica, ensinar a ler significa muitas coisas:

- Propor situações em que faça sentido que um adulto leitor leia para as crianças e, também, investir mais em propostas nas quais as crianças tenham de ler ou interpretar por si mesmas;

- Planejar situações nas quais essas atividades sejam *"inevitáveis"* e, também, decidir como utilizar as situações imprevistas nas quais a leitura apareça como sendo pertinente;

- Promover situações nas quais ler tenha um propóstio e sentido: porque estamos buscando um dado preciso, estudando um tema desconhecido, acompanhando as instruções para fazer ou consertar um aparelho; ou porque nos emociona, alegra-nos ou nos surpreende a maneira que o autor "diz" tal coisa...;

- Mergulhar no mundo literário, da poesia, do conto e do romance; é desvendar as enciclopédias, os dicionários e todo tipo de texto temático; é interpretar os complexos jornais e até os guias de televisão, o humor gráfico e os cartazes publicitários...;

- Às vezes, ler ou fazer ler bem rápido sem prestar atenção na precisão; outras, é se deter no mínimo detalhe; muitas vezes, é pular e reler somente certas partes ou, ao contrário, é ler com paciência toda a extensão de um texto longo;

- Como se a diversidade até aqui enunciada não fosse suficiente, ler é, além de tudo isso, não só ler. É pensar, falar, sentir e imaginar aquilo que se lê em situações como recomendar ou pedir conselhos sobre leituras, vincular algumas leituras com outras, discutir sobre o que foi lido, coincidir, confrontar, resumir, citar, parafrasear...

Felizmente, em nossa cultura, ler é uma prática diversificada: em gêneros e formatos discursivos, em suportes, em posições enunciativas, em propósitos e em modalidades de leitura. Se ensinar a ler é possibilitar que nossas crianças possam *navegar* com prazer e adequação nessa prática cultural, a leitura na escola jamais poderá ser "uma", deverá ser "muitas".

Essa diversidade, sem dúvida, se perde quando é transformada em um mecanismo que deve ser adquirido instrumentalmente no início da escolaridade, para depois ser substituída por exercícios de consolidação ou verificação estereotipados, como se o exercício de ler se limitasse a uma aquisição de código e não à compreensão de um sistema, como já vimos.

Apesar de já ter sido muito questionada, a prática escolar deformadora ainda persiste, e em muitas ocasiões testemunhamos propostas de trabalho extremamente limitadoras, que estreitam a compreensão da leitura à mera localização de informações em um texto ou limitam a produção escrita a frases isoladas ou simples reproduções despojadas de autoria, que não trazem a voz do aluno ou suas experiências.

Segundo Castedo, essa prática está sendo revisada tanto nas salas de aula pelos professores como por escritores profissionais e pesquisadores de diferentes procedências: psico e sociolinguistas, linguistas, críticos de literatura, psicólogos e didatas. Como resultado desse movimento, algumas certezas estão surgindo de maneira convincente: não é possível ensinar a ler com um único texto, não é viável pretender controlar todo o processo de interpretação de um texto (muito menos medi-lo), não é desejável impor uma única interpretação de um texto... Em suma: quando o que se pretende é formar leitores críticos, competentes e felizes, nao é didaticamente indicado homogeneizar leitores e leituras.

Além do princípio básico de diversidade, a autora ressalta ainda outros princípios didáticos que guiam bons projetos e situações de leitura e de produção de textos. É necessário:

1. Propor problemas para as crianças cuja solução se encontre no âmbito difícil mas possível. Ou seja, as propostas não devem ser pura aplicação de conhecimentos já dominados nem se distanciarem demais das habilidades reais das crianças. Somente dessa maneira é que a resolução do problema gera a necessidade de coordenar ou dar novo significado aos conhecimentos anteriores, construir novos conhecimentos e desenvolver estratégias. É a aplicação prática dos conceitos de Zona de Desenvolvimento Real e Zona de Desenvolvimento Proximal de Vygostky;

2. Organizar projetos e situações nos quais a leitura apareça contextualizada em alguma prática existente em nossa cultura. Pode ser a leitura de um bilhete deixado por alguém, a instrução de um jogo ou uma história divertida;

3. Oferecer oportunidades para que os alunos possam se aproximar e transformar interpretações diversas de um mesmo texto, retomando-as a partir das interpretações de outros, de outras leituras, outras experiências que contradigam ou enriqueçam suas interpretações iniciais. Como, por exemplo, reler uma história como uma peça de teatro, ou retomar uma receita após tê-la realizado, para verificar se estava correta;

4. Gerar situações nas quais seja necessário que as crianças explicitem suas interpretações, confrontem-nas e elaborem outras, que sejam cada vez mais compartilhadas.

Esses princípios indicam que as crianças devem ser convidadas a uma diversidade de experiências de leitura, seja por meio da leitura realizada pelo professor, ou lendo autonomamente, e assim terão acesso a diferentes textos, com diferentes propósitos...

É necessário ressaltar que a diversidade de **leituras no contexto escolar** não pode nem deve ficar sujeita somente aos desejos e interesses das crianças, aos materiais que elas trazem, às situações que podem surgir. Tais demandas não atendem, necessariamente, à ampla gama de práticas sociais de leituras: *ninguém pode demandar nem propor aquilo que não conhece*. Quando se trata de ensinar a ler, é responsabilidade da escola garantir que a maior quantidade possível de situações e textos sejam apresentados nas salas de aula para que as crianças tenham todas as oportunidades que necessitam para se transformarem em leitores críticos de nossa cultura.

2.3 Situações de leitura e escrita na alfabetização inicial

O que define uma situação de leitura durante a alfabetização inicial é que ela transcende o propósito de toda leitura, que é a interação efetiva do leitor com o texto, que provoca modificação no leitor a partir do encontro com a obra. Se um texto faz sentido, conversa com o leitor, este sai diferente do que entrou. Isso não se restringe a uma informação descoberta ou saber construído, mas abarca também à experiência "estética" de um poema ou texto literário que nos toca.

Uma situação de alfabetização inicial, além dos princípios que se aplicam a toda situação de leitura, precisa cumprir um propósito didático bem específico: conseguir que as crianças avancem na aquisição do sistema de escrita e que possam progressivamente ler por si mesmas.

Para que isso aconteça, é importante que os professores saibam identificar as ações das crianças nessa direção, para que possam contribuir com elas de forma a facilitar os processos de aquisição do sistema de escrita. Retomaremos brevemente algumas das principais ações que norteiam o fazer das crianças durante sua investigação para então elencarmos algumas situações de leitura e escrita que garantem a diversidade de oportunidades de contato com os textos.

Quando trabalhamos com a alfabetização inicial, não podemos nos esquecer que:

1. As crianças recorrem a estratégias de leitura específicas que participam também do processo de leitura de leitores mais experientes, como a seleção, a inferência, a antecipação e a verificação. Porém elas necessitam de intervalos de tempo mais longos para ocorrer, por ainda não estarem plenamente sistematizadas. As crianças recorrem também a outras estratégias, como as características formais do texto, entre outros;

Entendemos as características formais do texto como aquelas relacionadas com a "cara"/forma do texto. A configuração visual de um texto já nos traz informações sobre ele. Por exemplo, se nos deparamos com uma lista seguida de um texto corrido, já sabemos tratar-se de uma receita, assim como poemas, notícias de jornal e cartas têm configurações que as definem. É importante direcionar o olhar das crianças para essas características, sendo esta mais uma forma de interação com o texto.

2. No esforço de compreender o que está escrito e onde está escrito, as crianças buscam referências diversas, apoiando-se em conhecimentos já construídos ou mesmo hipóteses e ideias próprias, como o tamanho das palavras, as letras inicial e final, ou a presença de partes de palavras já conhecidas;

3. Mesmo antes de ler convencionalmente, as crianças podem conhecer e circular entre alguns gêneros já conhecidos, e assim recorrem a estes conhecimentos para compreenderem a leitura. Por exemplo, se já conhecem poemas de memória, podem procurar partes do texto no material escrito ou então ditar um bilhete ao professor.

Ciente de tais informações, cabe ao professor oferecer situações didáticas que proporcionem oportunidades para que as crianças construam a maior quantidade e qualidade possível de saberes sobre a leitura e a escrita. Para tanto, é importante que planeje situações didáticas que garantam a diversidade, entre elas:

Ler e escrever variedades de textos

A escola precisa organizar propostas de ensino considerando que na vida existe uma ampla variedade de textos, que respondem a demandas específicas. Entretanto, em muitas salas de aula, limitamo-nos ao trabalho com os chamados "textos escolares", que por vezes não se enquadram em gêneros específicos. Esses textos quase sempre são simplificações de originais considerados pouco acessíveis às crianças. Porém, tais adaptações retiram da criança a rica oportunidade de contato com um representante real dos gêneros, o que impede que os conheça em sua espeficididade. Por exemplo, muitos professores, quando vão trabalhar com uma notícia, ao invés de levar um jornal para a sala de aula, preferem elaborar um texto simplificado, que pensam ser mais "acessível" para as crianças, e, com isso, o exercício de "solucionar o problema de ler uma notícia" é previamente resolvido pelo próprio professor, e uma oportunidade muito útil para a ampliação dos conhecimentos dos alunos é desperdiçada.

Com que roupa eu vou?

É importante que em seu planejamento o professor explore as formas mais adequadas de oferecer o acesso das crianças a toda complexidade do gênero a ser trabalhado. Para isso, ele precisa se familiarizar com o gênero a ser trabalhado e preparar-se para apresentá-lo. Se retomarmos o exemplo do trabalho com o jornal, um possível caminho seria levar para a sala de aula um suplemento infantil, ou apenas um dos cadernos do jornal, recortar ou selecionar uma notícia na presença das crianças, para então, no contato direto com o portador e o gênero e com base em seus objetivos e possibilidades das crianças, dar continuidade ao trabalho.

Ler e escrever com diferentes propósitos

Em todo ato de leitura estão presentes intenções ou objetivos. Esses propósitos guiam a atividade do leitor e do escritor e definem as estratégias de trabalho a serem propostas.

Ler para se divertir é diferente de ler para procurar uma informação; anotar um endereço é diferente de escrever uma entrada em um diário ou carta a um amigo. Ao planejarmos situações didáticas, devemos promover a diversidade de propósitos e garantir que alguns deles, uma vez inaugurados, continuem presentes no decorrer do ano escolar.

As crianças leem sozinhas ou acompanham uma leitura realizada pelo professor **para** aprender sobre um assunto, **para** seguir instruções, **para** localizar uma informação, **para** desfrutar de um bom texto... Quando pensamos em nosso cotidiano na sala de aula, em que situações tais propósitos são respeitados?

Sugestão de proposta

Tomemos um grupo de 1.º ano, por exemplo. Podemos pensar em uma **atividade de leitura** das palavras que descrevem a rotina do grupo, perguntando ao grupo:

- O que faremos primeiro?

- Onde está a palavra LANCHE? Como você pensou para descobrir?

- Qual a última atividade do dia?

- Que atividades se repetem todos os dias?

A leitura dos momentos do dia, realizada de forma sistemática, ajuda as crianças a adquirirem um repertório de palavras estáveis, que contribuirão para que ampliem seus conhecimentos sobre o sistema, apoiando a leitura e a escrita de outras palavras.

No caso da escrita, ela pode estar a serviço de:

- conservar a memória;

- informar;

- alertar ou modificar o comportamento de outros;

- organizar ideias/pensamentos;

- expressar sentimentos;

- comunicar-se com quem está longe etc.

Na mesma sala de 1.º ano, podemos propor que as crianças participem da organização dos materiais coletivos escrevendo o nome de potes para CANETAS, LÁPIS, TESOURAS etc. Nesse exercício, os alunos poderão explorar, com a ajuda do professor, seus conhecimentos sobre as palavras e assim chegar à escrita convencional, o que também funciona como fonte de informação para futuras escritas.

Ler e escrever para diversos destinatários

A existência do destinatário, além do propósito definido, atravessa todo o texto. Escrever para si mesmo é diferente de escrever para outra pessoa. O destinatário determina como o texto deverá ser revisado, quais as informações necessárias, entre outras decisões importantes para a produção do texto.

Por exemplo, se escrevemos uma carta aos pais, precisamos situá-los a respeito do que está acontecendo na escola de uma forma diferente do que se escrevemos para uma outra turma da escola ou para a diretora.

É preciso cuidado, pois, via de regra, quase sempre o professor propõe às crianças produções de texto esvaziadas de sentido, que não trazem um destinatário real a quem serão endereçados. Com isso, roubamos das crianças um aspecto essencial: o caráter comunicativo da linguagem escrita.

Escrita contextualizada
Fonte: Escola Vera Cruz

Ler e escrever realizando diferentes ações diante dos textos

Cabe à escola a responsabilidade de oferecer às crianças oportunidades de vivenciar a língua em diversas situações. Para incrementar suas capacidades de comunicação, é importante que as crianças sejam convidadas a comportamentos leitores e escritores usados em práticas sociais:

- ler;
- ouvir leituras;
- comentar e opinar sobre textos;
- selecionar e apontar partes preferidas;

- indicar leituras aos colegas, familiares, professores;
- escrever;
- ditar;
- copiar;
- reescrever;
- revisar;
- resumir;
- parafrasear etc.

Parafrasear é "emprestar" modelos de gêneros conhecidos para se apropriar deles. Por exemplo, quando as crianças, na roda, dizem: fui na casa da minha vó no domingo, depois fui no parque e depois fui para casa. Fim.

Muitas dessas ações se complementam, porém cada uma delas pede saberes específicos que devem ser construídos pelas crianças.

Ao ditar ao professor, por exemplo, as crianças centralizam sua atenção no que e no como vão dizer, delegando ao professor a tarefa de concretizar o texto – usar o sistema de escrita. Essa produção oral com destino escrito informa ao professor o que sabem as crianças acerca do gênero ditado e sobre os conhecimentos que possuem sobre a língua que se escreve. Tais informações contribuem para o professor traçar suas ações de forma a garantir a ampliação dos conhecimentos das crianças. Se as crianças estão ditando uma história e começam com "era uma vez", o professor já sabe que eles conhecem contos e pode averiguar que outros conhecimentos sobre esse gênero as crianças já possuem. Vale ressaltar que, para que essa proposta seja aproveitada em toda sua potencialidade, é importante que o professor registre fielmente a fala das crianças, sem "melhorar" ou modificar seus escritos. Para que eles, em contato com sua produção, possam retomá-la e aprimorá-la, desenvolvendo, assim, novos conhecimentos.

2.4 Continuidade na diversidade: desafios da escola

Tudo o que levantamos anteriormente perde o sentido se a escola não se responsabilizar pela continuidade de apresentação dos gêneros e diversidade de situações sociais de uso da linguagem ao longo de toda a escolaridade. Não se aprende por partes fragmentadas que vão se acumulando até somar um todo, mas por coordenações cada vez mais complexas e profundas que dão lugar a reorganizações e ressignificações dos saberes em jogo, isto é, por **aproximações sucessivas**.

Então, a apresentação de situações diversas sem continuidade permite apenas certas aproximações, cuja permanência e transformação progressiva não estão garantidas. A **continuidade** na presença de situações diversas é um princípio complementar da própria diversidade. É o princípio que **garante a transformação do saber** e evita sua perda por desuso.

A tradicional distinção escolar entre "ensinar a ler" nas séries iniciais e "ler de maneira compreensiva" nos próximos anos escolares – entre a aprendizagem de um mecanismo e o desenvolvimento da leitura propriamente dita – não está de acordo com os princípios de diversidade e de continuidade até aqui expostos.

A responsabilidade pelo fracasso da competência leitora nos diferentes segmentos da escolaridade tem sido com frequência atribuída aos processos de alfabetização, como se aprender a ler se limitasse a uma técnica simples delimitada por alguns meses de treino e, uma vez superado esse período, o domínio dessa importante habilidade estaria garantida.

Se sustentamos que toda leitura é compreensão, que as crianças podem fazer interpretações dos textos desde muito pequenas, que as interpretações diversas são válidas e podem ser transformadas, não há motivo para afirmar que existe uma divisão taxativa entre "ensinar a ler" e "ler". Essa distinção levou a omissões e deformações graves tanto na alfabetização inicial como no processo posterior.

Segundo Castedo, Molinari e Tarrío (1996), de acordo com essas concepções, "nas séries inferiores, o conteúdo privilegiado da leitura é a sonorização dos grafemas e suas combinações. O ensino omite todo conteúdo cultural relativo à própria prática da leitura, já que considera que sua abordagem supõe o conhecimento prévio do 'código'. Quando o texto aparece, é visto como suporte ou desculpa para ensinar o código. Após essa etapa inicial, a deformação não desaparece mas assume outra característica: considera que os alunos já dominam as regras de combinação do 'código escrito' e, portanto, 'já sabem ler'. Assim, 'deixa-se de ler' para elas (as crianças) porque são elas que devem ler sozinhas, e não só ler, mas entender (de um único jeito) mensagens escritas com vários tipos de complexidade. Implicitamente, age como se não tivesse que continuar ensinando a ler, isto é, a interpretar as infinitas complexidades dos textos e seus contextos de produção".

Quando se divulgam resultados de avaliações nacionais ou regionais, verifica-se a existência maciça de alunos de 6.ª série que não interpretam adequadamente o enunciado de um problema matemático ou de um artigo de informação científica. Costuma-se afirmar rapidamente que não sabem ler, como se esse fosse um "mecanismo-chave" que, uma vez adquirido, abriria as portas de qualquer texto e em qualquer circunstância.

As perguntas a serem feitas nesses casos são: qual a complexidade linguística desse texto em determinada circunstância que essas crianças ainda desconhecem? Qual a complexidade conceitual (matemática, temporal, causal...) que apresenta esse texto nessa circunstância e que põe obstáculos para a compreensão? Quais os saberes prévios cuja ausência propicia diferentes interpretações? Em suma, em cada etapa do percurso escolar as crianças podem saber ler algumas coisas e, nós, professores, temos de continuar ensinando a ler durante toda a escolaridade.

Concluindo, a continuidade na diversidade é uma forma de a escola aproximar-se das práticas sociais e garantir um diálogo entre as práticas escolares e os usos da língua, o que pode proporcionar aos alunos uma circulação plena pelas diversas esferas comunicativas e os tornar usuários plenos de suas possibilidades de expressão e posicionamento frente às mais variadas situações.

2.5 Organizando o tempo didático: projetos, sequências e atividades permanentes...

> O tempo é – todos os docentes sabemos bem – um fator de peso na instituição escolar: sempre escasso em relação à quantidade de conteúdos fixados no programa, nunca é suficiente para comunicar às crianças tudo o que desejaríamos ensinar-lhes a cada ano escolar. Quando se opta por apresentar os objetos de estudo em toda sua complexidade e por reconhecer que o aprendizado progride através de sucessivas reorganizações do conhecimento, o problema da distribuição do tempo deixa de ser simplesmente quantitativo: não se trata só de aumentar o tempo ou reduzir os conteúdos, trata-se de produzir uma mudança qualitativa na utilização do tempo didático. *Délia Lerner*, (2002)

A organização do tempo didático em projetos, sequências e atividades permanentes vem como uma possibilidade de responder às necessidades de maior flexibilidade e significação para as propostas de trabalho da escola, que se propõem a dialogar com o aluno real, considerando-o em toda sua complexidade.

Essas modalidades didáticas pressupõem um professor atento, que busca conhecer e alimentar seus alunos para que sejam capazes de desenvolver suas potencialidades, ampliar seus conhecimentos sobre leitura e escrita, adquirir conhecimentos necessários aos tempos atuais e para que desfrutem das possibilidades do convívio social que a escola oferece.

1. **Projetos** são situações didáticas que se articulam em função de um objetivo e um produto final compartilhado, com o qual professores e alunos se comprometem. A duração dos projetos é variável: eles podem ser de longo ou curto prazo, dependen-

do das intenções e expectativas de aprendizagem levantadas pelo professor. Os projetos por vezes integram diversas áreas de conhecimento, mas é importante que se alojem numa área específica, para que fiquem garantidas as expectativas de aprendizagem propostas que o nortearão. Alguns exemplos de projetos de leitura e escrita: elaboração de um folheto informativo sobre um assunto estudado, gravação de uma coletânea de poemas para presentear outro grupo da escola, montagem de uma galeria de personagens do folclore;

2. **Sequências didáticas** são situações didáticas articuladas que possuem como principal critério de organização os níveis de dificuldade de determinada tarefa ou conteúdo a ser trabalhado. Elas se organizam em torno de um objetivo didático detectado pelo professor, não guardando preocupação com produtos finais concretos, e sim com a ampliação dos conhecimentos e mudanças nos esquemas cognitivos dos alunos, como, por exemplo, a aprendizagem das letras do alfabeto e sua memorização; conteúdos de ortografia; seleção de um livro para leitura compartilhada;

3. **Atividades permanentes** são aquelas propostas com regularidade cujo objetivo é constituir atitudes, desenvolver hábitos, sendo estes seus fins, e não necessariamente um produto final específico. São exemplos de atividades permanentes: rodas de conversa, leitura realizada pelo professor, sorteio de ajudante do dia/montagem da rotina, leitura do cardápio do dia.

Alguns autores citam também **as situações independentes** como mais uma modalidade organizativa. As situações independentes são aquelas nas quais conteúdos significativos ao desenvolvimento das crianças são trabalhados, ainda que não sejam estabelecidas relações diretas com o que foi previsto em planejamento ou está sendo realizado. Elas podem ser divididas em ocasionais – quando surgem espontaneamente no grupo, como quando as crianças trazem um folheto para ser apreciado pelo grupo, ou o professor propõe a leitura de uma notícia para discutir um acontecimento atual que tem ocupado o dia a dia.

Já as **situações de sistematização** são atividades que não estão relacionadas com propósitos imediatos do trabalho, mas com objetivos mais amplos, de sistematização de conhecimentos construídos por meio das outras modalidades, como uma comparação entre contos e fábulas ou a escrita de cartazes indicativos de espaços para uma comemoração na escola.

Qualquer que seja a modalidade didática proposta, é de responsabilidade do professor promover boas situações de aprendizagem, que se definem por alguns aspectos como:

1. As crianças devem pôr em jogo tudo o que sabem e pensam sobre o conteúdo proposto pelo professor;

2. Elas precisam ter problemas a resolver e decisões a tomar em função do que se propõe a produzir;

3. O conteúdo trabalhado deve manter suas características sociais. Por isso, no caso da alfabetização, a proposta é o uso de textos, e não de sílabas ou palavras soltas;

4. A organização da tarefa garante a máxima circulação de informações possível entre os alunos, o que pressupõe a interação entre os alunos.

Para saber mais

Aspectos que qualificam uma boa situação de aprendizagem. In: MEC. Programa de Professores Alfabetizadores. Coletânea de textos, módulo 1. 2001.

Atividade permanente: escolha do ajudante do dia

Essa é uma atividade de periodicidade diária, que pode ser realizada desde as séries finais da educação infantil até o 1.º ano do EF1. Por trabalhar com os nomes das crianças, o texto mais significativo para este período inicial, esses saberes se revelam muito instrumentalizadores e contribuem para a formação de um repertório de palavras estáveis para as crianças, que as apoiam na escrita de outras palavras. Conforme as crianças forem se apropriando do conteúdo, o professor pode ampliar os desafios.

As crianças fazem assim...

Início do dia em uma sala de 1.º ano. As crianças estão em roda e se preparam para mais um dia de trabalho. Em relação à apropriação do sistema, começam a dominar as letras do alfabeto por trabalharem com esse conteúdo em brincadeiras de corda em que têm a oportunidade de recitar e cantar a sequência das letras e também em jogos de cartas com letras e bingo, por exemplo.

A professora coloca cartões com nomes de todas as crianças num saquinho de tecido e convida uma das crianças a sortear um deles. Ao sortear, a criança imediatamente descobre, pelo tamanho do nome, a quem ele pertence. O cartão diz: CAIO. A criança deve agora dar dicas aos colegas para que descubram o nome sorteado, que será o ajudante da professora nesse dia.

Martin: É um nome pequeno que começa com C.

Clara: É o meu!

Prof.: Será que pode ser o da Clara?

Vários: Pode!

Prof.: O que mais podemos perguntar para ter certeza?

Theo: Pode ser o meu, que também é pequeno!

Luiza: Mas o seu não começa com C.

Theo: Qual é o C?

Martin mostra um pedacinho do cartão, escondendo as outras letras.

Fernanda: No seu nome não tem C!

Clara: Tem A?

Martin: Tem!

Luiza: Quantos As?

Martin: Só um.

Luiza: Não é o da Clara, porque no dela tem dois As...

Camila: Então será que é o meu? O meu começa com C.

Arthur: Mas o seu não é pequeno!

Prof.: Com que letra termina seu nome, Camila?

Camila: Com A...

Arthur: Então o dela tem dois As, igual ao da Clara!

Juan: Com que letra termina?

Martin: Com O.

Juan: Então não é o meu!

Luca: Nem o meu!

Marcela: Não é menina, pois todas as meninas terminam com A.

Prof.: Será? Vamos olhar na lista...

Aline: O meu termina com E...

Prof.: Quer dizer que não precisa terminar com A para ser nome de menina, né? Com que letra termina seu nome, Luca?

Luca: Com A!

Prof.: Vejo que vocês já sabem muitas coisas sobre os nomes, e acho que ainda podemos aprender mais trabalhando com eles. Que tal retomarmos essa atividade depois? Podemos ver como começam e como terminam todos os nomes do grupo, certo? Agora vamos tentar descobrir o nome da criança que vai me ajudar... Já sabemos que é pequeno, começa com C e termina com O. Quem pode ser?

Fernanda: O do Pedro termina com O, mas não começa com C...

Luiza: É do Caio! Só pode ser!

Prof.: Será que pode ser o seu, Caio?

Caio: Pode!

Martin: Acertou!

Essa foi uma atividade desafiadora? As crianças conseguiram colocar em jogo o que sabem e pensam sobre o conteúdo? Conhecimentos foram socializados? A atividade ofereceu oportunidade de novos desdobramentos a serem propostos pela professora?

Atividade realizada na Escola Criarte, em SP, em 2004, Grupo 5 - crianças de 5 anos

Projeto: Biblioteca Circulante

Objetivo didático: desenvolver o comportamento leitor, ampliar o repertório de histórias, aprender a indicar livros, comentar, emitir opiniões...

Objetivo compartilhado: montar e colocar em funcionamento uma biblioteca escolar.

Etapas:

- visitar uma biblioteca para conhecer seu funcionamento;

- separar os materiais disponíveis e organizá-los por tipos;

- primeira classificação realizada com as crianças: revistas de adulto, revistas de crianças, livros de aprender (informativos), livros de ler (contos/histórias), livros de receitas, livros de estudar (didáticos), livros de brincar (infantis, *pop ups* e musicais), livros divertidos (poesias);

- organização do espaço;

- montagem da ficha de empréstimo;

Com que roupa eu vou?

- preenchimento da ficha-cópia, com o nome do aluno e a data do empréstimo;

- inauguração da biblioteca.

As crianças fazem assim...

As salas de Infantil 3 (último estágio da Educação Infantil antes da Educação Fundamental de 9 anos, grupos de crianças de 6 anos) se organizaram para um projeto coletivo: montar uma biblioteca para sua unidade. Crianças e professores começaram o trabalho visitando a biblioteca de uma universidade próxima para aprender como funcionava esse espaço, como acontecia o empréstimo de livros, como se organizava o acervo etc.

Posteriormente, foi feito um levantamento dos materiais disponíveis na creche, que até o momento ficavam guardados em armários na sala da direção, pouco acessíveis aos alunos. O envolvimento das crianças levou algumas famílias a se prontificarem a doar materiais conseguidos com seus patrões para a biblioteca. Um dos pais se ofereceu para reformar um espaço pouco utilizado na casa para abrigar os livros, e, assim, a biblioteca ganhou uma sala própria. Caixotes e estantes foram improvisados, bem como um tapete e algumas mesinhas para leitura.

As crianças participaram ativamente da organização do material, classificando os livros de acordo com suas características numa significativa aproximação dos gêneros. A primeira organização foi sendo aprimorada conforme eles se familiarizavam com os textos, num crescente de conhecimentos.

Uma vez inaugurado o espaço, a atividade de empréstimo de livros passou a acontecer regularmente, tornando-se uma atividade permanente para todas as turmas de Infantil 2 e 3. Os alunos de minigrupo e berçário visitavam o espaço semanalmente, mas não retiravam livros.

Atividade realizada na Creche Isis Cristina, na cidade de Osasco, SP

Sequência didática: caderno de textos

Objetivos:

- incentivar a prática da leitura,

- ampliar o conhecimento dos gêneros e portadores textuais,

- promover o acesso e contato das crianças com textos reais,

- permitir que as crianças se experimentem leitoras, que possam "ler sem saber ler",

- possibilitar oportunidades de reflexão sobre o sistema, ao buscarem a correspondência entre o falado e o escrito, ao ajustarem a pauta oral ao escrito.

O caderno de texto pode ser trabalhado desde as séries finais da Educação Infantil e se constroi a partir da história de leitura de cada grupo. Ele deve compreender textos que marcam as experiências do grupo, para que possam retomar suas vivências com os textos e compartilhá-las com as famílias, além de aproveitarem esse material para "ler sem saber ler".

Existem diversas formas de organizar o caderno de texto. Alguns preferem dividi-lo em duas partes: uma delas contém textos como lista dos nomes do grupo, palavras da rotina, parlendas, poemas, quadrinhas, músicas e outros textos que as crianças sabem de cor, para que possam se experimentar como leitores. E outra com textos que fazem parte da história do grupo, como trechos de histórias conhecidas, adivinhas, piadas, *folder* de passeios, textos coletivos produzidos pelo grupo, a breve biografia de um autor trabalhado, regras de um jogo aprendido, receitas, indicações de atividades para o fim de semana, entre outras.

O caderno de textos é muito rico por proporcionar que as crianças colecionem, em um único portador, diversos tipos de texto, familiarizando-se com seu formato e características, entre outros.

As crianças fazem assim...

Em uma sala de 1º ano, por exemplo, as crianças desenvolvem um projeto sobre brincadeiras cantadas. Depois de brincarem muito de passa anel com a música "Chora Mané", a professora reproduz a letra dessa brincadeira para ser colada no caderno de textos do grupo.

Cada criança copia da lousa (situação de cópia com significado) a localização da página em que será colada essa canção, completando mais uma parte do sumário dos textos do grupo.

Escrita de sumário
Fonte: Arquivo pessoal da autora

Lousa
Fonte: Arquivo pessoal da autora

Então cada um recebe sua folha com a canção e cola na página combinada. As crianças tentam ler a canção fazendo o ajuste da pauta cantada ao escrito. Em pouco tempo, começam a comentar: eu achei Mané! Começa igual Maria! Não! É mais parecido com Manu!

Sugestão de filmes

Narradores de Javé
Direção: Eliane Caffé
Roteiro: Eliane Caffé e Luis Alberto de Abreu

Elenco: José Dumont, Gero Camilo, Rui Resende, Luci Pereira, Nélson Dantas, Nélson Xavier
Gênero: drama
Idioma original: português

Sinopse: A pequena cidade de Javé será submersa pelas águas de uma represa. Seus moradores não serão indenizados e não foram sequer notificados porque não possuem registros nem documentos das terras. Inconformados, descobrem que o local poderia ser preservado se tivesse um patrimônio histórico de valor comprovado em "documento científico". Decidem então escrever a história da cidade – mas poucos sabem ler e só um morador, o carteiro, sabe escrever. Depois disso, o que se vê é uma tremenda confusão, pois todos procuram Antônio Biá, o "autor" da obra de cunho histórico, para acrescentar algumas linhas e ter o seu nome citado.

O carteiro e o poeta (*Il Postino*, 1994)
Origem: Itália/Inglaterra/França
Direção: Michael Radford
Elenco: Massimo Troisi, Philipe Noiret, Maria Grazia Cuccinota, Linda Moretti

Sinopse: O poeta chileno Pablo Neruda exila-se numa ilha da Itália e faz amizade com o carteiro que o vista com frequência para entregar suas correspondências. Essa amizade muda a vida do carteiro e da comunidade local, que se enche de poesia.

Nenhum a menos (*Yi Ge Dou Bu neng Shao*, 1998)
Direção: Zhang Yimou
Elenco: Wei Minzhi, Zhang Enman, Sun Zhimei

Sinopse: Uma menina de 13 anos, ao assumir o posto de professora num vilarejo pobre na China, promete ao antigo professor que não deixaria que nenhum aluno desistisse dos estudos. Quando um dos alunos é forçado a abandonar a escola e ir trabalhar na cidade, a jovem professora empreende uma busca obstinada para trazê-lo de volta. ∎

3 A leitura como passaporte para a cidadania

Aula de leitura

A leitura é muito mais
Do que decifrar palavras

Quem quiser para pra ver
Pode até se surpreender

Vai ler nas folhas do chão
Se é outono ou se é verão

Nas ondas soltas do mar
Se é hora de navegar

E no jeito da pessoa
Se trabalha ou se é à toa

Na cara do lutador
Quando está sentindo dor

Vai ler na casa de alguém
O gosto que o dono tem

E no pelo do cachorro
Se é melhor gritar socorro

E na cinza da fumaça
O tamanho da desgraça

E no tom que sopra o vento
Se corre o barco ou vai lento

E também na cor da fruta
E no cheiro da comida

E no ronco do motor
E nos dentes do cavalo

E na pele da pessoa
e no brilho do sorriso

Vai ler nas nuvens do céu
vai ler na palma da mão

Vai ler até nas estrelas
e no som do coração

Uma arte que dá medo é a de ler um olhar
pois os olhos têm segredos
difíceis de decifrar.

Ricardo Azevedo

Como já vimos nos capítulos anteriores, a leitura oferece o contato com a linguagem escrita em ação e em seu estado real. A leitura é a porta de entrada para um mundo novo, que traz suas próprias regras, funcionamento e encantos. Um mundo de conhecimento, diversão, história e vida...

Em nota preliminar do livro "A psicogênese da língua escrita", afirmam Ferreiro e Teberosky (1980):

"Ensinar a ler e escrever continua sendo uma das tarefas mais especificamente escolares. Um número muito significativo de crianças fracassa já nos primeiros passos da alfabetização. O objetivo deste livro é mostrar que existe uma nova maneira de considerar esse problema. Pretendemos mostrar que a aprendizagem da leitura, entendida como o questionamento da natureza, função e valor desse objeto cultural que é a escrita, inicia-se muito antes do que a escola imagina, transcorrendo por insuspeitos caminhos."

Neste capítulo, exploraremos alguns desses caminhos e procuraremos trazer referências para iluminar o percurso de forma a fazer a travessia mais fácil e prazerosa. Pois, certamente, ler combina com prazer!

Colocar-se como participante da cultura escrita, circular com desenvoltura por esse universo, compreendendo suas regras e compartilhando seus códigos (entendemos código nesse contexto não como algo a ser decifrado, mas como um conjunto de ações e comportamentos específicos), é um direito das crianças que frequentam a escola e passam nesse ambiente uma grande parte de seu precioso tempo.

Vale ressaltar que, em tempos passados, quando a educação não era de responsabilidade da escola, as pessoas aprendiam umas com as outras, na interação com familiares, em suas comunidades, nas trocas que estabeleciam. Muitos hábitos e comportamentos eram transmitidos nessas situações informais, que acabavam por formar! Histórias eram contadas ao pé do fogo, passeavam de boca em boca, notícias de lugares distantes e povos diferentes eram trazidas pelos viajantes, valores e recomendações se travestiam de fantasias e alcançavam as crianças por meio de contos, fábulas e lendas...

As crianças fazem assim...

Isa tem 2 anos de idade e já conhece livros. Na escola que a atende desde bebê, ela tem a oportunidade de interagir com livros em situações lúdicas e significativas. Quando era menor e ainda frequentava o berçário, a professora a colocava com as outras crianças em um espaço acolhedor e lia histórias para elas, que respondiam a essa iniciativa com gestos, sons, olhares... Assim, Isa foi construindo preferências e desenvolvendo gosto pelos livros.

Voltando à cena: Isa está com os pais em uma livraria, quando localiza em uma das estantes um livro que conhece e gosta:

"Bruxa, bruxa, venha à minha festa!".

Determinada, ela pede à mãe que alcance o livro para ela, e então senta e começa a ler. Antes de iniciar a "leitura", Isa localiza com seu dedinho o nome do autor da história e repete para si mesma essa informação. No momento que se segue, Isa passa a ler a história, manuseando as páginas com cuidado e arriscando por vezes imitar a voz de alguns personagens.

Essa ação chama a atenção de outras crianças e adultos que estão por perto e passam a acompanhar a leitura da pequena Isa. Algumas pessoas se surpreendem com a precisão com que ela repete o texto escrito de forma fiel. Alguns se perguntam: "ela está lendo?".

Chega, então, uma parte da história em que aparece a ilustração de um pirata assustador. Nesse momento, Isa interrompe a leitura e diz a seus atentos ouvintes: "Não 'picisa' ficá com medo, é só um desenho, tá?" e continua a ler de onde tinha parado.

Claro que Isa não sabia ler! Mas o contato regular com esta e outras histórias permitiu que ela as memorizasse e assim assumisse o lugar de leitora. Ela domina oralmente a linguagem escrita e desenvolveu comportamentos leitores que muitos adultos não apresentam! Recém-saída das fraldas, ela já consegue recontar a história, fazer comentários sobre o livro e encantar a todos com suas habilidades. Esse passaporte que Isa começa a carimbar aos 2 anos de idade certamente abrirá muitas portas para ela e garantirá seu acesso a um mundo negado a grande parte da população de nosso país. ■

O que podemos fazer para proporcionar a nossos alunos experiências parecidas com a vivida por Isa? Precisamos garantir a elas possibilidade de acesso à cultura letrada. Por meio de experiências significativas com textos, que se encontram em diferentes portadores que, por sua vez, trazem os mais variados gêneros. É preciso incluir as crianças em situações sociais mediadas pela escrita. Ler um livro para elas, pedir ajuda para a escrita de um bilhete, compartilhar um comunicado, explorar embalagens e rótulos...

É fundamental que a escola alimente as crianças! É responsabilidade da escola proporcionar oportunidades para que as crianças pensem e vivam a leitura e a escrita, que explorem suas possibilidades, brinquem com seus usos e funções, se apropriem de suas regras, desfrutem de sua beleza...

Para saber mais

Bebeteca: lugar de pequenos leitores

Disponível em: <http://revistaescola.abril.com.br/educacao-infantil/0-a-3-anos/bebeteca-lugar-pequenos-leitores-428206.shtml>. Acesso: 09/03/2012.

Vale ressaltar que não estamos falando de uma experiência qualquer. A presença da leitura na escola precisa estar atrelada a experiências de qualidade e prazer. Isso remete diretamente à atuação dos professores. O que levamos de nossa história com os livros para nossos alunos? Essa é mais uma atividade que devemos dar conta, cumprir? Ou a entendemos em toda a sua grandeza, conscientes do efeito que nossa ação pode ter e nas repercussões que esse encontro representa na vida de nossos alunos?

Segundo Gastaldi (2004),

> "quando lhes é dada a oportunidade do exercício pleno e legítimo da língua, as crianças se esforçam, aprendem e conseguem produzir textos reais, apropriados e eficazes para as necessidades que têm. Em um país como o Brasil, onde a dívida social para com as crianças é tão grande, essa não é uma questão de decisão local ou de cada professor, mas um direito das crianças. O acesso ao mundo letrado é um direito delas, como também é direito legítimo de todas as famílias que confiam seus filhos a uma instituição educativa".

Para que isso aconteça, é preciso ter muito cuidado com a leitura na escola. Ela não pode se transformar em uma atividade burocrática, em uma prática esvaziada de sentido ou, o que é pior, ser associada a castigos ou represálias. **Ler é bom!** É um privilégio e precisa ser entendido como tal. Quando escolhemos um livro de que gostamos para ler aos nossos alunos ou apresentamos a eles nossas preferências, estamos oferecendo mais do que saberes, estamos oferecendo prazeres!

As crianças fazem assim...

Em 1999, Karina é uma professora iniciante, que acaba de assumir uma turma de 1.º ano numa escola municipal em Dracena, interior de SP. Ela tem enfrentado muitos desafios em sua turma: o grupo é numeroso, as crianças são muitas, bastante agitadas e com experiências e disponibilidades muito diversas em relação às aprendizagens que ela propõe. Enquanto alguns se abrem e aproveitam as oportunidades e propostas, uma grande parte do grupo se dispersa, resiste em participar e parece não estar avançando.

Em um dia de muito calor, após uma longa e cansativa jornada, Karina se sente exausta: sua garganta dói, ela está um pouco rouca por ter se esforçado para conseguir controlar as crianças o dia todo. Assim, chega em casa um pouco desanimada e começa a pensar em seus alunos. O que poderia fazer para cativá-los? Sente que as coisas não estão saindo da forma como ela imaginava, ou idealizava.

Mesmo cansada, Karina resolve fazer uma "arrumação" e começa a "despencar" pastas e caixas guardadas em um quartinho no fundo da casa. Os pais e a irmã estranham: "O que você está fazendo, menina?" – comenta o pai. "Já está com a garganta ruim e vai mexer nessa poeira toda?" – adverte a mãe. "Você não falou que tinha que acordar cedo amanhã?" – questiona a irmã.

Mexendo e remexendo, Karina encontra alguns livros da faculdade, as apostilas do CEFAM, muitos cadernos e, por fim, alguns livros infantis de seus tempos de criança. Ela continua a mexer no material, até que para ao deparar-se com um livro velho, roto, já um tanto amarelado e cheio de "orelhas": "A fada que tinha ideias", de Fernanda Lopes de Almeida. Era seu livro preferido!

Nesse momento, na penumbra da noite que chegava e no calor abafado do quartinho, uma luz se acende para Karina. Assim, as procuras se encerram e ela resolve: amanhã levará as histórias de Clara Luz para sua turma!

No dia seguinte, com o ânimo renovado e muito determinada, ela se dirige à escola. Ao chegar, deixa o planejamento previsto para o dia de lado e, em voz muito baixa (ela estava rouca), chama a todos para se sentarem com ela à sombra de uma grande mangueira no pátio da escola: "Hoje vamos fazer uma coisa diferente. Vamos ler meu livro preferido, de quando eu era do tamanho de vocês. Ele me ensinou muitas coisas e acho que vocês vão adorar...".

O burburinho cedeu e muitos olhos atentos se voltaram para ela: "Você lia quando era criança, prô?", "Você lembrou da gente na sua casa?", "Onde é a sua casa?", "Por que essa história é legal?".

E, assim, um novo tempo se inaugurou na sala de Karina... A leitura encantou a todos e o envolvimento com a história era tanto que em pouco tempo as crianças estavam íntimas da fadinha Clara Luz, sua amiga estrela Vermelhinha, a família Relâmpago, entre outros. Muitas atividades foram propostas – escrita de lista dos personagens, reconto de partes do texto, leitura de falas dos personagens, entre outros...

Depoimento da professora Karina, durante um curso de formação de professores, realizado em julho de 1999. A formadora acabara de ler para o grupo de formação um trecho de um livro de que gostava muito: "A fada que tinha ideias".

Soligo (1999) aponta as dificuldades que já envolveram o aprendizado da leitura em tempos passados. Ela conta que, em alguns países, há muito tempo, alguns poucos escravos aprenderam a ler em condições extremamente adversas, às vezes arriscando a própria vida por um aprendizado que, devido às dificuldades, acabava levando vários anos. Era preciso ter muita determinação e perseverança para que essa importante habilidade se tornasse disponível para essas pessoas.

Por outro lado, em nosso país, nos dias atuais prega-se que todas as crianças devem frequentar a escola e que esta vai responsabilizar-se pela alfabetização das crianças. Sem dúvida nos encontramos em condições mais favoráveis do que as descritas acima, e, teoricamente, essa aprendizagem poderia acontecer facilmente, porém, nem sempre é o que acontece.

Muitas contradições marcam a história da alfabetização em nosso país. Histórias como a de Isa, que aos 2 anos já se mostrava boa usuária da linguagem que se escreve e certamente alfabetizou-se com facilidade, convivem com outras como a de Adrielly, que está no 3.º ano do EF e ainda se atrapalha para escrever seu nome ou ler palavras simples.

Para saber mais

Ao todo, 57% dos alunos que estão no 3.º ano do Ensino Fundamental não conseguem ler as horas em relógio digital nem calcular troco. Avaliando a Língua Portuguesa, encontramos algo semelhante: os alunos não conseguem encontrar informações básicas contidas em um texto.

Se separarmos o ensino público e o privado, o resultado é ainda mais dramático. São pouquíssimos os alunos que conseguem ver as horas nessa etapa do ensino, que é a última do chamado ciclo de alfabetização, com crianças entre 8 e 9 anos.

> O fundamental das informações da Prova ABC é que a partir daí os alunos não recuperam o conhecimento e vão ficando cada vez mais defasados. Outra informação importante é que se não tivermos educação integral, em tempo integral, com reforços permanentes, ficaremos patinando por muito tempo e será muito difícil vencer as carências que as pessoas trazem de casa ou das comunidades.
>
> Além disso, a Prova ABC revela que quando você não sabe ler as horas, calcular trocos ou encontrar informações mínimas, a sua cidadania está ameaçada.
>
> *Fonte*: Gilberto Dimenstein, Portal Aprendiz, 26/08/2011.

Crianças como Isa, os alunos de Karina e tantas outras, que aprendem quando encontram oportunidades que viabilizam esse processo, nos levam a questionar onde se localiza o problema de Adrielly ou dos 57% das crianças que, como ela, frequentam as salas de 3.º ano e não conseguem aprender. É difícil imaginar tantas crianças com dificuldades, não é mesmo?

Soligo (1999) aponta que

> "inúmeros especialistas em dificuldades de aprendizagem afirmam que pouquíssimos adolescentes e crianças possuem comprometimento cognitivo real, ou seja, não são capazes de aprender os conteúdos escolares como os outros. Então, se a esmagadora maioria das crianças pode aprender, é preciso considerar que há um sério comprometimento nas práticas de ensino; ou seja, a escola não está conseguindo cumprir seu mais antigo papel: ensinar a ler e escrever. É preciso socializar cada vez mais os conhecimentos disponíveis a respeito dos processos de aprendizagem: quanto melhor o professor entender o processo de construção do conhecimento, mais eficiente será seu trabalho. Afinal, ensinar de fato é fazer aprender".

3.1 O que precisamos saber sobre a leitura para participar positivamente desse processo?

Já sabemos que a leitura não se restringe à decodificação de letras e palavras e que ser usuário da linguagem verbal não necessariamente pressupõe o domínio da leitura, porém é inegável que saber ler é importante e, enquanto educadores, não podemos nos furtar dessa responsabilidade. Para amparar nossa ação e assumir o compromisso de alfabetização de todas as crianças tomado pela escola, precisamos nos valer de conhecimentos importantes sobre o que se passa com a criança quando ela está aprendendo a ler.

Muitos pesquisadores têm estudado os processos de leitura e escrita, com o objetivo de compreender esses procedimentos. Geraldi (1999) afirma que

"a leitura é um processo de interlocução entre leitor / autor mediado pelo texto. Encontro com o autor, ausente, que se dá pela sua palavra escrita".

Como já vimos anteriormente, ler é interpretar e compreender o que o autor quer transmitir tanto nas linhas como nas entrelinhas. O entendimento é a base da leitura e do aprendizado desta. (...) Aprendemos a ler, e aprendemos por meio da leitura, acrescentando coisas àquilo que já sabemos. (Smith, 2003)

As ideias de Geraldi e Smith convergem ao postularem que leitura é uma atividade muito mais complexa do que a simples interpretação dos símbolos gráficos, de códigos. Requer que o indivíduo seja capaz de interpretar o material lido, comparando-o à sua bagagem pessoal, ou seja, requer que o indivíduo desenvolva um comportamento ativo diante da leitura. Para que isso aconteça, é necessário que haja maturidade para a compreensão do material lido, senão tudo cairá no esquecimento ou ficará armazenado na memória sem uso, até que se tenha condições cognitivas (conhecimento) para utilizar.

Esta compreensão do texto reforça a importância do conhecimento prévio: o leitor utiliza na leitura o que ele já sabe; o conhecimento adquirido ao longo de sua vida. É mediante a interação de diversos níveis de conhecimento, como o linguístico, o textual, e o conhecimento de mundo, que o leitor consegue construir o sentido do texto.

Essas informações são importantes para um ensino de leitura de qualidade, pois todos participam e desempenham uma função diante da leitura. O conhecimento linguístico abrange a linguagem oral, marcadores da fala, vocabulário e regras da língua, chegando até o domínio sobre o uso da língua, que pode incluir os gêneros. Já o conhecimento do texto refere-se às noções e conceitos sobre o texto – os formatos possíveis, suportes, formas de organização, entre outras. Quanto mais conhecimento textual o leitor tiver, quanto mais exposto à diferentes tipos de texto, mais fácil será a sua compreensão. O outro aspecto importante é o conhecimento de mundo, aquele adquirido informalmente, por meio das experiências, do convívio em grupo e em sociedade, cuja ativação, no momento oportuno, é também essencial à compreensão de um texto.

Se estes conhecimentos não forem considerados, o objetivo e aprendizagem da leitura não serão alcançados. Por vezes, observamos que os professores ficam presos à teoria e se afastam dos encontros autênticos das crianças com a leitura. Preocupados em seguir seu plano didático e pouco sintonizados com as possibilidades reais de compreensão de seus alunos, acontece de os professores oferecerem aos estudantes leituras de níveis bem superiores aos deles, que não dialogam com os conhecimentos e informações levantadas acima. Essas experiências intimidam as crianças e marcam negativamente a relação delas com a leitura, o que pode informar a elas que este é um conteúdo difícil e inacessível.

Para saber mais

Os saltos do olhar

A compreensão da leitura depende da relação entre os olhos e o cérebro, processo que há longo tempo os estudiosos procuram entender. Nas últimas três décadas houve um avanço significativo nesse campo, mas ainda não se conseguiu desvendar inteiramente a complexidade do ato de ler. Há mais de cem anos se descobriu que, ao ler, nossos olhos não deslizam linearmente sobre o texto impresso: eles dão saltos, em uma velocidade de cerca de 200 graus por segundo, três ou quatro vezes por segundo. É certo que, durante esses saltos, acontece um tipo de adivinhação, pois os olhos não estão de fato vendo tudo. O tempo de fixação dos olhos a cada vez é de cerca de 50 milésimos de segundo e a distância entre as fixações depende da dificuldade oferecida pelo material lido. O que os olhos veem depende muito do conhecimento do assunto. Quando lemos um texto cuja linguagem é fácil, ou cujo conteúdo é conhecido, podemos ler em silêncio até 200 palavras por minuto — a leitura em voz alta demora mais, pois o movimento dos olhos é mais rápido que a emissão de palavras. O processo de leitura depende de várias condições: a habilidade e o estilo pessoal do leitor, o objetivo da leitura, o nível de conhecimento prévio do assunto tratado e o nível de complexidade oferecido pelo texto. Em um mesmo espaço de tempo, os olhos irão captar de forma diferente a mesma quantidade de letras, dependendo da maneira pela qual elas são apresentadas: ao acaso, na forma de palavras, ou compondo um texto. Quanto mais os olhos puderem se apoiar no significado, ou seja, naquilo que faz sentido para quem vê, maior a eficácia da leitura.

Você sabia?

Em um mesmo intervalo de tempo, os olhos captam:

- aproximadamente 5 letras, em uma sequência apresentada ao acaso;

- cerca de 10 a 12 letras, em palavras avulsas conhecidas;
- cerca de 25 letras (mais ou menos cinco palavras), quando se trata de um texto com significado.

Fonte: Cadernos TV Escola, 1999

O psicolinguista Frank Smith relativiza o poder da visão ao afirmar: sempre damos demasiado crédito aos olhos por enxergarem. Frequentemente seu papel na leitura é supervalorizado. Os olhos não veem, absolutamente, em um sentido literal. O cérebro determina o que e como vemos. As decisões de percepção do cérebro estão baseadas apenas em parte na informação colhida pelos olhos, imensamente aumentadas pelo conhecimento que o cérebro já possui. Em outras palavras, poderíamos dizer que a gente vê o que a gente sabe.

Dois fatores determinam a leitura: o texto impresso, que é visto pelos olhos, e aquilo que está "por trás" dos olhos: o conhecimento prévio do leitor. Ou seja, se a criança está familiarizada com o formato visual dos poemas, ou de uma receita, ela poderá "enxergar" esses textos mais facilmente.

Sugestão de proposta

A professora pode levar para o grupo textos de diferentes gêneros e formatos (como receitas retiradas de livros e escritas em letra cursiva, notícias de jornal recortadas, poemas, trechos e livros entre outros) e propor uma análise deste material. Será que conseguimos descobrir de que tipos de textos se tratam? Quais os indícios que ajudam a descobrir? Como verificar nossas hipóteses?

Uma criança ainda não alfabetizada pode ter as melhores informações a respeito do assunto tratado em um texto, mas, mesmo assim, não será capaz de ler, pois não dispõe dos recursos de decodificação necessários à leitura. Ela tem conhecimento prévio, pode até mesmo memorizar as informações escritas, mas não é capaz de desvendar a informação captada pelos olhos.

Por outro lado, não basta saber decodificar: às vezes o leitor domina perfeitamente a linguagem escrita, mas, por falta de familiaridade com o assunto tratado, acaba não conseguindo compreender o texto que tem diante dos olhos, como acontece às vezes quando tentamos ler manuais de instalação de eletrodomésticos, por exemplo!

O conhecimento prévio necessário à leitura, no entanto, não se resume ao conhecimento do assunto tratado pelo texto: envolve também o que se sabe acerca da linguagem e da própria leitura. Saber como os textos se organizam e que características têm, saber para que servem os títulos e admitir que não é preciso conhecer o significado de todas as palavras para compreender uma mensagem escrita é tão importante para a leitura como ter intimidade com o conteúdo tratado.

Para saber mais

Ler vem antes de escrever.

Não existe uma idade ideal para o aprendizado da leitura. Há crianças que aprendem a ler muito cedo, em geral porque a leitura passa a ter tanta importância para elas que não conseguem ficar sem saber.

Veja um depoimento de um desses leitores precoces, o escritor Alberto Manguel:

Aos 4 anos de idade descobri pela primeira vez que podia ler [...]. Só aprendi a escrever muito tempo depois, aos 7 anos de

A leitura como passaporte para a cidadania

> *idade. Talvez pudesse viver sem escrever, mas não creio que pudesse viver sem ler. Ler – descobri – vem antes de escrever.*
>
> Muitos leitores precoces não têm características peculiares, como inteligência acima da média ou privilégios sociais. Mas têm outro tipo de privilégio: considerar a leitura um valor e se acharem capazes de ler.
>
> Rosaura Soligo (1999)

3.2 As estratégias de leitura[3]

A leitura é um processo no qual o leitor realiza um trabalho ativo de construção do significado do texto a partir do que está buscando no conhecimento que já possui a respeito do assunto, no autor e no que sabe sobre a língua – que são as características do gênero, do portador, do sistema de escrita, entre outros. Não é possível extrair informações de um texto escrito decodificando letra por letra, palavra por palavra.

Para entender como esse processo acontece, decompomos as ações de interação com o texto em estratégias de leitura. Estratégia de leitura é um amplo esquema para obter, avaliar e utilizar informação. No exercício da leitura, utilizamos todas as estratégias de leitura ao mesmo tempo e realizamos essas ações tão rapidamente que elas se tornam praticamente automáticas. No caso das crianças em fase inicial de alfabetização, esses processos ainda não estão plenamente estabelecidos, por isso eles acontecem num ritmo mais lento e de forma pouco articulada. Assim, uma análise cuidadosa dos percursos vividos pelas crianças nos informa como se desenvolvem os processos de leitura em geral. As estratégias de leitura mais utilizadas são:

1. **Estratégia de seleção**: permitem que o leitor se atenha apenas aos índices úteis, desprezando os irrelevantes. Ao ler, faze-

---

[3] Adaptado de Soligo (1999).

mos isso o tempo todo, como se filtrássemos algumas informações que poderiam atrasar a leitura. Quando pesquisamos uma informação específica, por exemplo, nos valemos da estratégia de seleção. Essa estratégia é importante de ser trabalhada com as crianças, pois as ajuda a se desprenderem de cada parte das palavras ou texto, atentando ao sentido global do texto;

Sugestão de proposta

Leitura para trabalhar com estratégias de seleção

Objetivos:

- refletir sobre o funcionamento do sistema alfabético de escrita;

- acionar estratégias de leitura que permitam descobrir o que está escrito e onde (seleção, antecipação e verificação);

- estabelecer correspondência entre a pauta sonora e a escrita do texto;

- usar o conhecimento sobre o valor sonoro das letras (quando já sabido) ou trabalhar em parceria com quem faz uso do valor sonoro convencional (quando ainda não sabido).

Conteúdo: leitura na alfabetização inicial.
Anos: 1.º e 2.º anos.

Tempo Estimado: uma aula de 30 minutos em dias alternados aos de propostas de escrita, durante todo o ano.

Material necessário: textos poéticos (parlendas, poemas, quadrinhas e canções).

Desenvolvimento:
1.ª etapa – Selecione parlendas, poemas, quadrinhas e canções que considere interessantes. Distribua uma cópia para cada estudante e leia com a classe. Para que os leitores não

convencionais participem da atividade, garanta que saibam o texto de cor;

2.ª etapa – Informe onde se inicia o texto e proponha que todos leiam juntos, acompanhando o que está escrito com o dedo enquanto cantam ou recitam. O desafio será ajustar o falado ao escrito;

3.ª etapa – Peça que procurem algumas palavras e socializem com o grupo as pistas usadas para encontrá-las. Faça com que justifiquem as escolhas e explicitem o procedimento para descobrir o que estava escrito. Nessas atividades são utilizados textos que já se sabe de cor para antecipar o que está escrito e letras e partes de palavras conhecidas para verificar escolhas;

4.ª etapa – Uma variação da atividade é entregar as poesias recortadas em versos ou em palavras e pedir que sejam ordenadas. Para dar conta da tarefa, a garotada terá de acionar os conhecimentos que possui sobre o texto, os procedimentos de leitura já adquiridos e utilizar pistas gráficas (letras iniciais, finais etc.).

Avaliação: registre suas observações sobre a participação dos pequenos: quais foram as pistas utilizadas e como eles justificaram escolhas. Anote também quais foram as suas intervenções mais importantes para a orientação da turma. Essas observações são fundamentais para o planejamento das atividades que virão a seguir.

Adaptado de <http://revistaescola.abril.com.br/lingua-portuguesa/alfabetização-inicial/pratifa-de-leitura-426187.shtml>

2. **Estratégia de antecipação**: são ações que tornam possível prever o que ainda está por vir, com base em informações explícitas e suposições baseadas no texto. Se o conteúdo não for muito novo, o leitor pode se apoiar em vivências anteriores para sustentar suas antecipações. Uma atividade interessante para trabalhar com a estratégia de antecipação é pedir que as crianças localizem títulos de histórias numa lista que traz

alguns nomes mudados, e depois retomar como fizeram para descobrir;

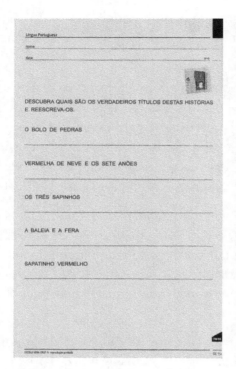 

Propostas de leitura de títulos de história
Fonte: Escola Vera Cruz

3. **Estratégias de inferência**: permitem captar o que não está dito no texto de forma explícita, é aquilo que lemos, mas não está escrito, por exemplo, quando realizamos uma receita e pelo contexto já sabemos qual a próxima etapa sem precisa ler. Ou quando lemos um texto com algumas palavras ou letras faltando e conseguimos inferir o sentido;

4. **Estratégia de verificação**: é a que torna possível o controle da eficácia das demais estratégias, é uma ação posterior, que se combina às demais e permite confirmar ou não as especulações realizadas. Esse tipo de checagem é inerente à leitura e é realizado automaticamente por leitores mais experientes. Já as crianças no momento de alfabetização inicial precisam ser incentivadas a exercitar a verificação.

Conhecer as estratégias de leitura é recurso importante para o professor compreender o que vivem as crianças no processo de aquisição do sistema. Ao saber o que se passa, ele pode acolher suas ações, reconhecer seu esforço e contribuir para os avanços. Por exemplo, um professor desavisado, ao notar que uma criança "chuta" palavras com base em estratégias de antecipação ou inferência, pode criticar sua iniciativa ou rechaçá-la, mas dominando tais conhecimentos, ele tem condições de compreender suas ações e incentivá-la em seu percurso.

Isabel Solé (1998) aponta, com base em seus estudos, que o processo de leitura não é natural, automático ou fácil. Ele é arduamente construído pelo aluno e a escola precisa participar ativamente desse processo. A autora afirma que cabe ao educador compartilhar com as crianças os segredos que utilizam quando eles próprios leem.

Isso deve ser feito da mesma forma como ocorre com outros conteúdos de ensino ou quando o professor mostra como utilizar adequadamente um caderno ou como traçar de forma correta as letras. O professor funciona como um especialista em leitura, explicitando seu processo pessoal à turma, o que leva à compreensão do que está escrito: qual seu objetivo com determinada leitura, que dúvidas surgem, que elementos toma do texto para tentar resolver suas questões... Ao testemunhar as ações do professor na interpretação do texto, os estudantes entendem as chamadas estratégias de compreensão leitora e passam a adotá-las. Para Solé (1998):

> "Ler é compreender e compreender é sobretudo um processo de construção de significados sobre o texto que pretendemos compreender. É um processo que envolve ativamente o leitor, à medida que a compreensão que realiza não deriva da recitação do conteúdo em questão. Por isso, é imprescindível o leitor encontrar sentido no fato de efetuar o esforço cognitivo que pressupõe a leitura, e para isso tem de conhecer o que vai ler e para que o fará; deve dispor de recursos – conhecimento prévio relevante, confiança nas próprias possibilidades como leitor, disponibilidade

de ajudas necessárias etc. – que permitam abordar a tarefa com garantias de êxito; exige também que ele se sinta motivado e que seu interesse seja mantido ao longo da leitura. Quando essas condições se encontram presentes em algum grau, e se o texto o permitir, podemos afirmar que também em algum grau, o leitor poderá compreendê-lo. Com essas ideias, podemos dizer que enfocamos nossa atenção nos resultados de aprender a ler."

3.3 Hábitos leitores e a aprendizagem da ortografia

Tanto a aprendizagem da leitura como da escrita terá melhor desenvolvimento se o professor tiver, ele próprio, o hábito de ler e de escrever, pois essas práticas o aproximam da realidade da criança que está aprendendo.

Lançar-se ao desafio de ler e escrever, submeter-se ao esforço de fazer um pacto com o papel, ajuda o professor a compreender o que se passa com seus alunos e comprometer-se mais com sua tarefa de ensinar. Isso pode ajudá-lo a ser mais tolerante tanto na hora de avaliar as produções textuais de seus alunos quanto a ser cuidadoso ao selecionar os textos para serem lidos, propondo leituras que dialoguem com as necessidades das crianças.

Weiss (2002), em muitos dos seus trabalhos, afirma que ler se aprende lendo, assim como não dá para ensinar a nadar fora da água ou sem ter se experimentado esse meio. Como ensinar a ler e escrever sem nunca ter lido ou redigido um texto na vida?

Outro aspecto que pressiona os professores em direção a propostas de trabalho pouco contextualizadas é a preocupação com a ortografia. Durante muito tempo acreditou-se que o fato das crianças explorarem livremente seus conhecimentos sobre a escrita e considerar esses conhecimentos como ponto de partida para novas aprendizagens resultaria em alunos pouco aptos ao uso da língua escrita e que escreveriam errado. Porém a prática nos mostra que alguns erros são construtivos e fazem parte do processo de aprendizagem das crianças.

> Erro construtivo é um conceito que diz respeito a uma explicação. Às vezes precária e temporária, por parte do aprendiz, uma hipótese sustentada por uma lógica interna que aos olhos do que se encontra no lugar do que "já sabe" é considerada inconsistente, perspectiva esta não compartilhada pelo sujeito que vê nesta ação um sentido fundamental para a compreensão do saber que está construindo.
>
> Sabemos que, tradicionalmente, a escola não tem estabelecido diferença entre o erro integrante do processo de aprendizagem e aquele classificado como simples engano ou mesmo desconhecimento. Prevalecem interpretações que entendem a ausência de erros nas atividades escolares como legítima manifestação da aprendizagem. Essas interpretações comprometem a ideia do erro como algo ligado ao processo de aprendizagem e que carece da intervenção pedagógica para torná-lo observável, apontando as condições para a sua superação. (Macedo, 2002)

A ortografia é uma convenção social criada para facilitar a comunicação escrita: dominando-a, chegamos a uma forma comum de escrever cada palavra – incluindo as que têm mais de uma opção de letra correspondente a determinado som. No caso dessas últimas, a grafia pode ser dividida entre palavras que obedecem as **regularidades** – em que o conhecimento de uma regra permite antecipar como ela deve ser escrita, até mesmo sem conhecê-la – e as **irregularidades** que não seguem qualquer princípio explicativo que justifique sua notação. Para que as crianças dominem a ortografia, é preciso propor um trabalho em duas frentes. No caso das regularidades, o mote é a observação e a reflexão sobre elas. Entre as irregularidades, o caminho é trabalhar estratégias para a memorização da grafia das palavras de maior uso.

Assim como acontece com a linguagem oral, muitos aspectos da ortografia se aprendem com seu uso. Da mesma forma que buscamos compreender o sentido de uma conversa ainda que algumas palavras possam apresentar inflexões diferentes ou até variações devido a características regionais ou sotaques, é importante que essa disponibilidade se aplique à ortografia dos alunos em fase inicial de alfabetização. Muitas vezes, seus erros indicam como estão pensando e obedecem a uma lógica própria, que podem ser fonte importante de informações para o professor sobre onde deve mirar suas próximas intervenções.

Porém nem sempre essa é a postura adotada, e os textos das crianças são lidos com foco na falta, no erro e não no que trazem de potente. Ao entregar sua produção para o professor, a criança está oferecendo um pouco de si, de seus saberes naquele momento. Podemos imaginar então o que ela sente ao receber de volta um trabalho cheio de marcas vermelhas, correções que apontam apenas suas falhas, o que ela não conseguiu, sem nenhum reconhecimento ao seu esforço.

"Quando se considera em primeiro lugar os erros ortográficos ao avaliar o texto, sem antes dar atenção suficiente ao seu conjunto, provoca-se uma deterioração na relação do aluno com o ato de escrever revelando uma concepção limitada da escrita. Nesse sentido, as excessivas correções ortográficas acabam levando o aluno a empobrecer seus escritos para evitar correr o risco de cometer muitos erros que serão sancionados pelo professor". (Condemarín e Medina, 2005).

Lidar dessa forma com a produção da criança é desconsiderar seu processo em construção, algo ainda inacabado e que pode mudar para melhor. Nesse sentido, o trabalho com a ortografia precisa se estabelecer em diálogo com as crianças e seus saberes, respeitando seu ritmo e reconhecendo seu esforço em compreender os segredos da língua escrita.

Para trabalhar com ortografia

O primeiro passo do trabalho é realizar um diagnóstico do domínio da ortografia pela turma. Seja nos grupos dos anos iniciais – quando as crianças já estão alfabéticas - ou do Ensino Fundamental 2, é preciso analisar quais são os erros que aparecem na escrita de boa parte dos alunos e com que frequência essas palavras são usadas em suas produções cotidianas. Levantamento feito, é hora de planejar a sequência didática.

Abaixo, destacamos algumas dúvidas comuns sobre o ensino da ortografia e seu planejamento. Artur Gomes de Morais, professor da Universidade Federal de Pernambuco (UFPE) e autor do livro *Ortografia: ensinar e aprender* – uma das grandes referências bibliográficas na área – é quem ajuda a resolvê-las. Confira!

Quais são as regularidades da ortografia?

Existem dois tipos nas correspondências fonográficas que todo professor deve conhecer. A primeira é a chamada **regularidade contextual**, que engloba as palavras cuja grafia é definida pela localização do som dentro da palavra (saber que é preciso grafar RR em "carro" para marcar um som de R forte entre duas vogais, por exemplo, ou que "tempo" se escreve com M e não com N, pois a letra seguinte é um P etc.). A segunda é a **regularidade morfológico-gramatical**, onde se encaixam as palavras cuja grafia é ligada à sua natureza gramatical (como o uso do Z e não do S nos substantivos "realeza" e "beleza", que são derivados de adjetivos; ou do SS e não do S ou do C em "falasse" e "partisse" por serem flexões de verbos no imperfeito do subjuntivo).

Como trabalhar com elas?

Embora tenham regularidades de naturezas diversas, o trabalho com os dois tipos de regras segue uma lógica comum. Primeiro, proponha a observação de um grupo de palavras - em atividades diversas – para que observem se há regularidades em sua escrita. Depois, a turma discute o que observou e encontra uma maneira de explicá-las. Com a explicitação das regras feita coletivamente, é hora de registrá-las por escrito, para que todos possam consultá-las quando necessário. Nessa perspectiva, as regras ortográficas são "elaboradas" pela própria turma, já que é ela que determina o que há de comum entre as palavras observadas e de que maneira transformar o observado em uma sentença a ser registrada. "Temos pesquisas com tratamento estatístico cuidadoso demonstrando que o ensino que promove a tomada de consciência das questões ortográficas é muito superior ao ensino tradicional – que leva apenas a memorizar ou preencher lacunas, de maneira repetitiva", diz o especialista da UFPE. "Sem falar na ausência de ensino de ortografia que, infelizmente, ainda ocorre em muitas salas de aula do país."

Quais são as melhores atividades na área?

Em suas pesquisas, Morais chegou a algumas propostas de atividades. De forma geral, pode-se falar em trabalhos com textos e com palavras fora de textos. No primeiro caso, em ditados, releituras ou reescritas, a ideia é que você chame a atenção dos alunos para as palavras que julga constituir "desafios ortográficos", interrompendo a atividade para discussões coletivas sobre a grafia dessas palavras. A outra linha, com palavras "soltas", tem como propostas jogos em que as crianças devem relacionar cartelas com palavras que sigam a mesma regra ortográfica ("carro", "sorriso" e "espirro", ou "careta" e "clarão"), desafios de encontrar em revistas e jornais palavras que se encaixem em grupos com uma determinada característica ortográfica, entre outras atividades. Há ainda o recurso de propor a escrita propositalmente errada de palavras cuja ortografia siga uma regularidade: "Para fazê-lo, a criança precisa conhecer a grafia correta", diz Morais. "O ideal é que ela vá, junto com os colegas, verbalizando, discutindo e escrevendo as regras que justificam o fato de aquelas palavras terem que ser escritas assim".

E quanto às irregularidades na ortografia? Como trabalhá-las?
No ensino das palavras irregulares, o princípio é diferente, já que sua grafia não se orienta por regra alguma. "Nesses casos,

A leitura como passaporte para a cidadania

não há muito o que compreender, é preciso memorizar", explica Artur Gomes de Morais. "Quem não é especialista em filologia não tem que saber que tal palavra tem origem em tal vocábulo latino, ou grego, ou mesmo que é uma palavra de origem indígena." A saída nesses casos é consultar modelos – locais onde sabemos que determinada palavra está escrita da maneira correta – e usar o dicionário (que envolve conhecer a forma como as palavras estão nele organizadas e como procurar um termo flexionado, por exemplo). Você pode também combinar com a turma a produção de uma pequena lista de palavras de uso frequente que eles devem memorizar para não mais errar.

Como organizar tudo isso no planejamento? Embora o trabalho com ortografia deva se pautar sempre pelo diagnóstico de cada turma, certas dificuldades costumam aparecer antes. De início, é comum surgir dúvidas sobre palavras com regularidades contextuais (os famosos usos do R, por exemplo). Só mais tarde começa a ser uma questão para os pequenos a forma como se escrevem palavras com regularidades do tipo morfológico-
-gramatical. "Uma regra envolvendo o SS do imperfeito do subjuntivo, como na palavra 'cantasse' tende a ser mais difícil de ser observada que a regra que explica quando escrevemos com G ou GU", afirma Morais. "Não só porque a primeira regra envolve uma consciência morfogramatical, mas porque, no cotidiano, escrevemos menos vezes palavras no imperfeito do subjuntivo que palavras onde aparecem as letras G ou GU com o som de 'guê'".

Com isso, de forma geral pode-se dizer que as palavras de regularidade contextual (como o uso do M antes de P e B) e aquelas com ortografia irregular, mas de uso frequente (como "homem" ou "hoje"), podem ser trabalhadas antes do que as de regularidade morfológico-gramatical (o uso do Z em "pobreza") ou as irregulares de pouco uso. Afinal, o que se quer é que as turmas possam se comunicar sem o "ruído" dos problemas de ortografia em suas produções, certo?

Adaptado de <http://revistaescolaabril.com.br/lingua-portugue sa/pratica-pedagogia/duas-faces-ortografia-486568.shtml>

3.4 O lugar da leitura na vida...

> A literatura nos constitui. É criação nossa – humana e universal - diante de uma necessidade de expressão, de elaboração, de construção de pensamentos, sentidos, enfim é uma invenção poderosa e necessária à nossa sobrevivência psíquica...[4]
>
> Patrícia Pereira Leite

Além da parte "funcional" da leitura, que se refere aos seus mecanismos de funcionamento e processamento, como já abordamos, não podemos deixar de lado sua dimensão estética e subjetiva. A leitura pode participar da construção da subjetividade por ser uma ferramenta essencialmente humana, que traz experiências vividas pelo próprio homem e registradas por meio da escrita. Sendo assim, podemos conhecer a nós mesmos ao ler os escritos de nossa cultura, assim com o conhecer outros povos, outros hábitos e outras épocas.

Parafraseando Pereira Leite (2011), criar narrativas é uma necessidade humana. Elas permitem buscar representações do vivido, sentido, para prosseguir. Transformar em linguagem a experiência, registrar, compartilhar, narrar é uma atividade que define o homem desde o tempo das cavernas. É o próprio trabalho da busca de sentido do viver e da expressão das percepções dos indivíduos ou grupos, que é o gerador da cultura...

A autora lembra Nosek (2009), que num encontro sobre mediação de leitura afirmou: "Existem povos que dançam mais, outros que pintam mais, outros ainda que têm mais teatro, mas não tem nenhum povo que não tenha uma lírica, nenhum povo viveu e cresceu sem uma poética".

---

[4] Patrícia Pereira Leite, palestra proferida no seminário de leitura "Conversas ao pé da página" (2011).

Pereira Leite (2011) aponta a *palavra transmitida* por meio da literatura e da leitura como uma importante ferramenta de aquisição de sentido, mas não as considera únicas, lembrando que a imagem e a música são formas articuladas de linguagem. Elas se combinam à escrita e costumam estar bastante presentes quando tratamos de literatura juvenil ou quando lemos histórias em voz alta.

Ela fala ainda de seu amor pela leitura como uma forma de transmissão e existência, afirmando que é uma forma de inserir-se no mundo e participar dele. Essa é uma dimensão muito importante da leitura e por meio dela podemos carimbar definitivamente o passaporte de nossos alunos para que ganhem o mundo.

Entendemos aqui a transmissão como um conceito proposto por Jorge Larossa.

Transmissão – prática cultural de lidar com o tempo e passar ao outro algo que aconteceu quando não estavam aqui e sobre outros tempos quando não estaremos mais. É a perpetuação da experiência pela via da relação, da interação e da experiência. A transmissão possibilita um elo entre passado e futuro, ela é uma ponte entre as gerações e os conhecimentos. Eu transmito no presente o que aprendi no passado e o que será usado no futuro. A efemeridade do tempo por si é um convite à transmissão. Sabemos que somos finitos e por isso buscamos transmitir aos outros nosso legado.

Anotações de Daniela Pannuti em palestra realizada pela ONG MD em 23/08/2010.

Para saber mais

LAROSSA, J. Dar a palavra. Notas para uma dialógica da transmissão. In: LARROSA, J.; SKLIAR, C. *Habitantes de Babel*. Políticas e poéticas da diferença. Belo Horizonte: Autêntica, 2001.

Ler e compartilhar da leitura seriam uma resposta aos tempos difíceis que vivemos, assim como já aconteceu em outras épocas. O acervo literário acumulado pela humanidade ao longo dos tempos, em diálogo com a experiência de cada indivíduo, contribui para a construção da subjetividade.

Vale a pena relembrar algumas ideias apresentadas e discutidas no seminário Conversas ao Pé da Letra, por Patrícia Pereira Leite e Michèlle Petit, em julho de 2011:

"Vivemos tempos desconcertantes, em que os limites, as fronteiras estão muito permeáveis, instáveis. Os encontros de leitura, por sua vez, oferecem tempos férteis, ricos, que remetem a metáforas distantes. Talvez justamente em contraponto ao caráter efêmero e acelerado dos tempos atuais, com seu excesso de informações, rapidez, agitação etc. Diante da velocidade, do nível de competição, de deslocamentos de espaço, de tempo e da cultura, vivemos uma necessidade cada vez maior de relatos, histórias, sonhos, literatura, música e trocas, de encontros para conversar.

Nós precisamos de histórias para nossa saúde. Precisamos da articulação de cultura; da construção de um mundo mental, que permita-nos nos humanizar, relacionar, aprender, ler, aproveitar as leituras, trabalhar, criar, nos reproduzir, enfim, permita a nossa sobrevivência.

Cada um que nasce herda o acervo cultural das gerações anteriores que é transmitido por meio de uma espécie de contrato (*educação, laços familiares e afetivos, costumes, muitas histórias...*). Essa herança é fundamental e é um enorme patrimônio que cada um vai articular na sua vida, do seu jeito, formar suas fronteiras e referências. É um acervo que ao mesmo tempo é fundamental e insuficiente, pois a vida que cada criança viverá é nova, é um mundo novo não articulado ainda, e a experiência prévia não vai servir totalmente.

Nosso patrimônio é o que fazemos, o que constituímos, ele não é guardado como histórias das quais lembramos como um conto ou poesia decorada, ou uma fórmula. Ele é guardado como histórias que esquecemos, mas que em algum momento retomamos, relembramos de outra perspectiva, como nos sonhos. Esquecemos a história para lembrá-la de outra maneira posteriormente e aprendemos e nos desenvolvemos no exercício de sonhar, lembrar, brincar, inventar novas histórias e associações de ideias. Assim também se faz a aquisição do conhecimento de forma ampla."

Michele Petit, (2008) antropóloga francesa que pesquisa a leitura, afirma:

"A leitura tem o poder de despertar em nós regiões que estavam até então adormecidas. Tal como o belo príncipe do conto de fadas, o autor inclina-se sobre nós, toca-nos de leve com suas palavras e, de quando em quando, uma lembrança escondida se manifesta, uma sensação ou um sentimento que não saberíamos expressar revela-se com uma nitidez surpreendente."

Para ser um bom mediador de leitura, funcionar como ponte entre as crianças e os livros, o professor, além de ser ele mesmo um leitor, ou seja, ter o hábito da leitura como uma prática incorporada e regular, precisa proporcionar um ambiente de leitura estimulante, que convide as crianças a interagirem com os livros.

Garantir uma diversidade de livros, dispostos de forma agradável e acessível, são condições que contribuem para o desenvolvimento desse importante encontro – não é necessário ter um espaço específico ou exclusivo para os livros: é possível improvisar com caixas, estantes que circulem entre as salas, carrinhos ou até mesmo sacolas. As atividades de leitura também podem acontecer em lugares diversos, como a sala de aula, espaços externos, entre outros.

Sempre que possível, é interessante promover a circulação entre a escola e a casa das crianças, assim a leitura poderá difundir-se para outros momentos da vida da criança.

Crianças fazem assim...

Registro de atividade: Roda de trocas – Biblioteca Circulante

As crianças de 5 anos do G5 trouxeram seus livros preferidos para compartilhar com os colegas, e agora eles serão emprestados uns para os outros...

Prof. – Bom, ontem muitos de vocês apresentaram seus livros, quem ainda falta?

Bia – Eu, que não tinha trazido ontem. Eu trouxe esse livro que tem o nome do meu irmão – Guilherme. Mas o nome do livro é mais comprido...

Prof. – Eu conheço esse livro! É do Guilherme Augusto Araújo Fernandes! Alguém mais conhece essa história?

Caio – Eu já vi, mas não lembro.

Prof. – Bia, conta para gente um pouco sobre a história e por que você escolheu esse livro para trazer.

Bia – É sobre um... um menino que ajuda a vizinha... ela... perdeu a lembrança.

Lara – Lembrança? Lembrancinha de festa?

Bia – Não! Ela perdeu as coisas que ela lembrava.

Luca – Ela não sabia onde ela morava?

Bia – Ela morava do lado da casa do menino...

Claudia – Ela 'tava' com amnésia?

Nina – O que é isso?

Bia – Não sei. Ela fica esquecida e o menino pega umas coisas para ajudar ela lembrar.

Prof. – Tive uma ideia, vou ler essa parte aqui de trás do livro que conta um pedacinho da história, o que acham? Alguém sabe para que serve esse pequeno texto?

Miguel – Não é o nome do autor, né? Porque ele fica na frente...

Prof. – Essa parte é chamada de 4.ª capa, ou resenha, ela fala um pouco sobre a história para quem ainda não leu o livro saber do que se trata.

Theo – Será que no meu livro também tem? Vou olhar!

Prof. – Quando formos fazer os empréstimos, além das indicações dos donos dos livros, podemos usar também esses textos para escolher os livros, né?

Tiago – Eu acho que o Pedro vai gostar do meu, porque ele gosta de dinossauro e o meu é sobre isso!

Como conclusão, vale afirmar que a leitura se confirma como uma forma poderosa de acesso a muitos mundos. Ler é compartilhar vivências, aventuras, histórias. Ao ler nos aproximamos dos outros e de nós mesmos, comungamos experiências, aprendemos, nos emocionamos.

A leitura é uma boa forma do saber dar as mãos ao prazer!

Sugestão de filmes

Minhas tardes com Marguerite (*La tête en friche*, 2010)
Direção: Jean Becker
Roteiro: Jean Becker e Jean-Loup Dabadie

Elenco: Gérard Depardieu, Gisèle Casadesus e Maurane
Gênero: comédia
Idioma original: francês

Sinopse: Uma história sobre os encontros inesperados da vida. Germain (Gérard Depardieu) é um iletrado e solitário homem. Para preencher suas tardes, ele faz amizade com a senhora Margueritte (Gisèle Casadesus).

O leitor (*The Reader*, 2008)
Direção: Stephen Daldry
Roteiro: David Hare
Elenco: Kate Winslet, Ralph Fiennes and Bruno Ganz
Gênero: drama
Idioma original: inglês

Sinopse: Alemanha pós Segunda Guerra: aproximadamente uma década após seu relacionamento com uma mulher mais velha ter acabado misteriosamente, o estudante de Direito Michael Berg reencontra sua antiga paixão enquanto ela é acusada em um tribunal de crimes de guerra.

4 Desvendando mistérios: Como se aprende a ler e escrever?

Para compreender o que vivencia uma criança que está aprendendo a ler e escrever, é preciso acompanhar esse processo de perto, com olhos curiosos e investigadores. Que perguntas fazem? Como se aproximam dos conhecimentos sobre o assunto? O que sentem? A que recursos recorrem? Que hipóteses levantam?

A leitura e escrita são duas maneiras de utilizar o sistema de escrita, de acessar esse universo. A leitura é a ação que coloca a criança diante do sistema em uso, considerando sua complexa rede de articulações. O que enxergam nossos olhos quando entram em contato com o texto escrito? Como aqueles sinais, inicialmente tão enigmáticos, passam a fazer sentido e se tornam tão caros aos leitores? Isso é ler!

Alberto Manguel (1997), escritor, conta sua experiência de ler pela primeira vez:

> [...]Então, um dia, da janela de um carro (o destino daquela viagem está agora esquecida), vi um cartaz na beira da estrada. A visão não pode ter durado muito; talvez o carro tenha parado por um instante, talvez tenha apenas diminuído a marcha, o suficiente para que eu lesse, grandes, gigantescas, certas formas semelhantes às do meu livro, mas formas que eu nunca vira antes. E, contudo, de repente, eu sabia o que eram elas;

escutei-as em minha cabeça, elas se metamorfosearam, passando de linhas pretas e espaços brancos a uma realidade sólida, sonora, significante. Eu tinha feito tudo aquilo sozinho. Ninguém realizara a mágica para mim. Eu e as formas estávamos sozinhos juntos, revelando-nos em um diálogo silenciosamente respeitoso. Como conseguia transformar meras linhas em realidade viva, eu era todo-poderoso. Eu podia ler.

Qual a palavra que estava naquele cartaz longínquo, isso eu já não sei (parece que me lembro vagamente de uma palavra com muitos as), mas a impressão de ser capaz, de repente, de compreender o que antes só podia fitar é tão vívida hoje como deve ter sido então. Foi como adquirir um sentido inteiramente novo, de tal forma que as coisas não consistiam mais apenas no que os meus olhos podiam ver, meus ouvidos podiam ouvir, minha língua podia saborear, meu nariz podia cheirar e meus dedos podiam sentir, mas no que meu corpo todo podia decifrar. Traduzir, dar voz a ler. [...]

Basta olhar uma criança em interação com o mundo para verificarmos que elas aprendem por muitas vias – mexem, olham, experimentam, questionam, opinam... Com a leitura e escrita não poderia ser diferente!

Pesquisas comprovam que, desde muito cedo, as crianças já têm ideias sobre a linguagem escrita: imitam o ato de escrever quando são expostas a essas situações no contato com os adultos e, nessas brincadeiras, produzem marcas gráficas diferentes daquelas que caracterizam seus traçados ao desenhar. Gradativamente, conseguem diferenciar letras de desenhos, ficam curiosas sobre o que representa a escrita e levantam hipóteses a respeito dela, com base em suas experiências e conhecimentos anteriores.

Desenho de escrita
Fonte: Arquivo pessoal da autora

Sabemos também que quanto mais participam de situações de uso da escrita, mais ideias as crianças colecionam sobre ela. Crianças que frequentam escolas de educação infantil, por exemplo, aprendem rapidamente que a escrita pode ser usada para identificar os nomes, para registrar vivências diversas e oferece também o acesso a histórias, músicas e outros conhecimentos. Outras maneiras de participarem de situações de leitura e escrita ocorrem ao acompanharem seus pais em consultas, cultos, missas e outras situações sociais em que essa prática está presente. Tais experiências inauguram o contato das crianças com a escrita e quanto mais positivas e significativas forem, maior será seu interesse pelo universo letrado.

O escritor Elias Canetti (1997), relata como o comportamento de seu pai, ao ler, despontou sua curiosidade:

"meu pai lia diariamente o NEUE FREIE PRESSE, e era um grande momento quando ele o desdobrava lentamente. Assim que ele se punha a lê-lo, já não tinha olhos para mim, e eu sabia que, de forma alguma, não me responderia; minha mãe também nada lhe perguntava, nem mesmo em alemão. Eu tentava descobrir o que tanto o prendia ao jornal; no começo, eu pensava que fosse o cheiro, e quando ficava só e ninguém me via, trepava na cadeira e avidamente cheirava o periódico. Mas depois notei como ele movia a cabeça ao longo da folha, e o imitei sem ter diante dos olhos o jornal que ele segurava sobre a mesa com ambas as mãos, enquanto eu brincava no chão, às suas costas. Certa vez, um visitante que entrara o chamou; ele se voltou e me flagrou em meus imaginários movimentos de leitura. Então se dirigiu a mim, antes de atender o visitante, e me explicou que o que importava eram as letras, muitas pequenas letras, nas quais ele bateu com o dedo. Em breve, eu também saberia ler, disse ele, e despertou em mim um insaciável anseio pelas letras."

A observação de comportamentos leitores tem grande influência na prendizagem da leitura.

Porém, a simples exposição à escrita não constitui um contexto de aprendizagem sobre a linguagem escrita. Um ambiente alfabetizador não se limita a cartazes nas paredes e livros à disposição das crianças. A ideia de *ambiente alfabetizador* foi proposta por Emília Ferreiro com base em suas pesquisas sobre o processo vivido pelas crianças em seu percurso de aprendizagem da leitura e escrita, construções teóricas muito importantes que desenvolveremos mais à frente.

Criar um ambiente alfabetizador é criar um ambiente que coloque as crianças curiosas diante da escrita, com desejo de desvendá-la. Significa trazer para a sala de aula materiais e atitudes que levem as crianças ao desenvolvimento de hábitos e procedimentos leitores. Assim, mais do que disponibilizar livros, jornais, revistas, dicionários, folhetos, embalagens e rótulos comerciais, receitas, embalagens diversas, é preciso compartilhar com as crianças formas de interação com esses materiais. Ao ler uma história, consultar uma lista ou verificar uma informação em portadores diversos, o professor está abrindo às crianças a possibilidade de circularem pela língua escrita com sentido e propósitos reais.

Desvendando mistérios: como se aprende a ler e escrever

Portadores textuais são os suportes que abrigam os textos. Os portadores podem trazer textos de diferentes gêneros, que são os tipos de texto. Entre os portadores mais usuais podemos citar os livros, jornais, revistas, dicionários, enciclopédias. Dentro de um mesmo portador, podem ser encontrados diversos gêneros, por exemplo. Um jornal pode trazer crônicas, textos de opinião, notícias, quadrinhos, anúncios, entre outros. Ao levar para a sala de aula uma diversidade de portadores, o professor informa às crianças sobre onde podem encontrar textos e qual o propósito comunicativo de cada um deles. Por exemplo, um cartaz de propaganda de um medicamento é diferente de uma receita médica, apesar de tratarem do mesmo assunto. Esses conhecimentos ajudam as crianças a entenderem melhor as funções da língua a partir de seus diferentes suportes, desenvolvendo, assim, uma postura de autonomia e crítica em relação a eles. Compreender em sua totalidade um *flyer* de propaganda, por exemplo, pode ser muito útil para evitar surpresas em relação a preços ou condições de pagamento.

Quanto mais variado o material, mais adequado será para as crianças realizarem diversas atividades de exploração, classificação, busca de semelhanças e diferenças, e para que o professor, ao lê-los em voz alta, ofereça informações sobre "o que se pode esperar de um texto escrito". Ou seja, se na sala de aula estão disponíveis textos diversos como livros de diferentes gêneros, folhetos de exposições ou passeios, quadrinhos, revistas, jornais, listas e cartazes que se remetem ao cotidiano, bloquinhos para comunicação interna entre períodos ou com outros grupos da escola, as crianças têm a oportunidade de circular entre diferentes contextos letrados, e isso contribui para sua compreensão dos usos e funções da leitura e da escrita.

Para momentos de faz de conta, por exemplo, vale providenciar agendas velhas, pranchetas, teclados de computador, cardápios de restaurantes e tantos portadores quanto forem as propostas de "brincar de ler e escrever" para se experimentar nessa função. Cada portador convida as crianças a formas diferentes de ação, ou seja, eles podem brincar de "marcar consultas", anotar pedidos etc.

A variedade de materiais que contenham escritos é fundamental para que bons encontros com a escrita aconteçam, e isso vale para qualquer espaço educativo. Seja no campo, na cidade, entre crianças pequenas, maiores ou adultos. O ambiente alfabetizador participa diretamente do letramento, ou seja, da familiaridade das crianças com o universo escrito e, por meio dessas práticas, importantes aspectos do comportamento leitor podem ser desenvolvidos.

4.1 O que é um ambiente alfabetizador?

> A educação tem que fornecer oportunidades para a autorrealização, ela pode, no mínimo, criar um ambiente rico e desafiador para que o indivíduo o explore, do seu próprio jeito.
>
> *Noam Chomsky*

O ambiente alfabetizador é mais importante ainda para as crianças que em seu cotidiano não convivem com uma multiplicidade de situações de uso da linguagem escrita, ou seja, aquelas que não vivenciam tais experiências fora da escola. Porém, para que um bom vínculo com a escrita se construa, o professor precisa intermediar essa relação.

É preciso que ele facilite o acesso das crianças aos materiais, que apresente cada um deles atribuindo sentido e significado a esse encontro. Trazer um livro preferido, selecionar poemas que gostava quando criança, contar sobre os autores que os escreveram ou compartilhar com as crianças tais vivências são formas de o professor aproximá-las desse novo mundo, misterioso, mas encantador.

Incorporar apenas a ideia de um ambiente alfabetizador sem uma compreensão mais profunda do que isso significa tem feito com que algumas professoras tragam para a sala de aula toda sorte de textos – rótulos, revistas, embalagens, jornais, bulas, receitas –, sem saber como explorar plenamente estes materiais. É pouco colocar os materiais em um canto da sala de aula ou lotar as paredes de listas, textos, escritas diversas.

Para transformar a sala de aula em um ambiente alfabetizador, é preciso que a ação docente provoque múltiplas interações das crianças com os materiais que estão em exposição e, mais que tudo, proponha situações sociais de uso da linguagem escrita. Por exemplo, ao trazer para a sala uma notícia de jornal sobre algo vivido pela comunidade – um evento social, um aconteci-mento, ou até mesmo uma catástrofe natural –, informamos às crianças que tais vivências podem ser traduzidas em palavras, e assim elas se aproximam da linguagem escrita sem precisarem abrir mão do contexto em que vivem.

De forma geral, as reflexões sobre ambiente alfabetizador as-similadas pelos professores têm levado a uma compreensão equi-vocada dessa ideia. Em muitos casos, observa-se que criar um ambiente alfabetizador na sala de aula significa reproduzir um modelo do ambiente cultural das crianças das classes altas, já que se afirma que essas crianças se alfabetizam mais facilmente porque o ambiente da sala de aula é uma continuidade do am-biente de suas casas.

Porém, quando transportamos um ambiente alfabetizador se-melhante ao das crianças de classes abastadas para a sala de aula das crianças das classes populares, ele não funciona, pois essas crianças não reconhecem tal ambiente como familiar, limitando--se a uma exploração "estrangeira". As práticas sociais relaciona-das à leitura e escrita são diferentes nas famílias, o que dirá nas diversas classes sociais.

É preciso conhecer a comunidade em que a criança está inseri-da e trazer para a escola as práticas utilizadas por ela, para então ampliá-las. Práticas sociais são aquelas que têm sentido e signifi-cado para a comunidade e o sujeito. Então, ler romances pode não ser um hábito na casa de uma costureira, por exemplo. Como ler revistas de moda pode não ser comum na casa de uma cozinheira.

Muitos professores falam que seus alunos não aproveitam as oportunidades que a escola oferece. Dizem que as crianças estragam os materiais, não reconhecem seu valor, quando, na verdade, as crianças não se sentem acolhidas pelas propostas por não se identificarem com elas.

Se queremos promover esse importante encontro das crianças com a escrita, cabe ao professor cuidar da criação de um ambiente alfabetizador que dialogue com a riqueza de experiências e saberes de seus interlocutores reais, que acolha suas características, possibilidades e anseios e estimule seu desejo de ter acesso ao significado dos textos.

O ambiente alfabetizador tem que ser datado e situado. Ele é histórico. O que pode representar, hoje, um rico ambiente alfabetizador, amanhã pode estar ultrapassado, pois as experiências das crianças – qualquer criança, de qualquer classe social – estão em constante mudança. Um bom ambiente alfabetizador deve incorporar a atualidade cultural das crianças e sua história. Precisa apresentar referências do presente e do passado do seu grupo sociocultural – suas singularidades, as características que o definem. É preciso permitir que isso entre na sala de aula para que a criança que está mergulhada em sua cultura de origem, e que naquela cultura se comunica bem – se expressa bem, compreende e é compreendida –, entenda que tudo aquilo que ela fala pode ser escrito. E, escrevendo, pode se comunicar à distância, ampliando a sua interlocução, levando a sua voz mais longe.

Antes de tudo, é preciso consolidar o conhecimento que a criança traz, para que ela se sinta sujeito de conhecimento, protagonista capaz e, ao mesmo tempo, atue no sentido de ampliar ao máximo seu conhecimento anterior, lembrando sempre que só aprende quem acredita em sua capacidade de aprender.

A constatação da grande diversidade cultural presente na sociedade já não nos permite pensar em um único ambiente alfabetizador, que possa dar conta de qualquer criança, independente da sua condição de classe, etnia, religião, gênero, território. Homogeneizar o ambiente alfabetizador a partir da seleção de atividades e conteúdos mais relacionados à cultura e às experiências de determinado grupo social pode ofuscar as bem-vindas diferenças culturais e fomentar as discriminações das crianças das classes populares no cotidiano da escola.

Além dos nomes das crianças, palavras carregadas de sentido e significado para cada um, os professores precisam atentar para as palavras mais usadas na comunidade. Aquelas que têm significado e são amplamente utilizadas. Por exemplo, em uma vila de pescadores, palavras relacionadas à pesca são muito utilizadas nos textos orais. Já em fazendas de plantações, os discursos utilizam outras palavras, relacionadas ao plantio. Tais palavras, importantes nas comunidades, muitas vezes têm sua escrita memorizada pelas crianças, da mesma forma que a escrita dos nomes, e servem de recurso para o estabelecimento de relações que é parte fundamental da compreensão do sistema de escrita.

> *"em pequeno eu costumava maravilhar-me com o fato de que as letras de um livro fechado não se misturassem e se perdessem no decorrer da noite"* Borges, 2012

Outro aspecto importante a se considerar se queremos compreender o processo de aprendizagem das crianças é a forma como constroem conhecimentos, como eles se definem e se organizam. Na escola lidamos com conhecimentos de diferentes tipos e cada um deles pede uma forma específica de trabalho.

Para que a aprendizagem significativa aconteça, é importante que os conhecimentos se articulem, num diálogo entre o que a criança já sabe (conhecimentos prévios) e as novas informações com as quais estabelece contato, num exercício ativo que varia de acordo com o tipo de conhecimento em questão. A formação de conceitos que decorre do encontro com os diferentes tipos de conhecimentos é um processo intenso, que envolve mudanças nas estruturas cognitivas da criança. Para fins ilustrativos, elencaremos os principais tipos de conhecimentos e suas repercussões em relação ao ensino e aprendizagem.

Segundo Zabala (1998), existe uma relação entre o processo de apreensão e o tipo de conteúdo trabalhado; o autor diferencia na aprendizagem as características de quatro tipos de conteúdos:

1. *Os conteúdos factuais*: conhecimentos de fatos, aconteci-
    mentos, situações, fenômenos concretos e singulares, às ve-
    zes menosprezados, mas indispensáveis, e cuja aprendizagem
    é verificada pela reprodução literal;

2. *Os conteúdos procedimentais*: conjunto de ações ordenadas
    e com um fim, incluindo regras, técnicas, métodos, destrezas
    e habilidades, estratégias e procedimentos, verificados pela
    realização das ações dominadas pela exercitação múltipla e
    tornados conscientes pela reflexão sobre a própria atividade;

3. *Os conteúdos atitudinais*: que podem ser agrupados em va-
    lores, atitudes e normas, verificados por sua interiorização e
    aceitação, o que implica conhecimento, avaliação, análise e
    elaboração; e a *aprendizagem de conceitos* (conjunto de fa-
    tos, objetos ou símbolos) e *princípios* (leis e regras que se
    produz num fato, objeto ou situação) possibilita elaboração e
    construção pessoal, nas interpretações e transferências para
    novas situações.

O primeiro tipo de conhecimento que a criança experimenta
é o *procedimental* – relacionado a ações planejadas ou não. O
conhecimento procedimental é construído por tentativas e erros,
por meio de ações sucessivas. Tal conhecimento não pode ser
teoricamente ensinado, pois ele pressupõe que o sujeito o expe-
rimente. Como exemplo dos conhecimentos procedimentais, podemos citar alguns movimentos, como o engatinhar ou caminhar.
Assim como acontece com os outros conhecimentos, é importante que a escola proporcione boas situações de aprendizagem
para os conhecimentos procedimentais, o que muitas vezes pode
acontecer por meio de brincadeiras e jogos.

Os conhecimentos de *natureza factual* são aqueles que podem ser aprendidos pela via da transmissão direta. Tradicional-
mente, esses eram os conhecimentos mais enfatizados pela escola, que por muito tempo se limitou a ocupar-se deste tipo de
conhecimento representado por datas, regras e definições.

A escola se limitava a transmitir conhecimentos a serem me-
morizados e depois solicitar que os alunos os devolvessem tal

como os tinham recebidos. Uma ênfase educacional nos conhecimentos factuais indica uma concepção de educação que considera os alunos meros receptores de conhecimentos, e assim são poucas as oportunidades oferecidas para que eles pesquisem, busquem os conhecimentos e construam competências. Isso não significa que a escola deva abdicar do ensino desses conteúdos. Nomes, endereços, telefones são conhecimentos factuais utilizados nas práticas cotidianas das pessoas. O alfabeto (o nome das letras) e os algarismos (os números de 0 a 9) também são conhecimentos factuais.

Já os conhecimentos de *natureza conceitual* exigem uma postura ativa por parte dos alunos, pois, para construir conceitos, o sujeito precisa exercitar habilidades intelectuais como discriminação, classificação e generalização.

Os *conteúdos atitudinais* atravessam os outros, por se referirem à formação de hábitos e comportamentos que se integram à formação do sujeito.

4.2 Como compreendemos a escrita e quais as implicações pedagógicas que decorrem dessa concepção?

> A minha contribuição foi encontrar uma explicação segundo a qual, por trás da mão que pega o lápis, dos olhos que olham, dos ouvidos que escutam, há uma criança que pensa.
>
> *Emília Ferreiro Cortez, (1989)*

A forma como compreendemos a escrita determina com ela será ensinada. Considerar a escrita como codificação é tratá-la como uma técnica a ser transmitida aos alunos. Esta forma de compreensão limita a escrita ao tratamento dado aos conhecimentos factuais abordados acima. Assim, o aluno pouco participa desse processo, recebendo passivamente as informações apresentadas pelo professor.

Por outro lado, ao compreendermos a escrita como um sistema de representação, conferimos a ela o *status* de conhecimento conceitual, que solicita do aluno uma postura ativa e autônoma na construção de seus conhecimentos. Por meio da reflexão e análise sobre o funcionamento da escrita, presente tanto dentro da escola como também no mundo que a rodeia, a criança tem a oportunidade de formular hipóteses, atuar e interagir com a linguagem escrita num esforço por compreendê-la.

4.3 Ler nas linhas e nas entrelinhas...

Como já mencionado a necessidade de registro e comunicação inaugurou a escrita e ao longo dos tempos fez-se cada vez mais importante dominar esse conhecimento. Atualmente, a leitura e a escrita permeiam a maioria das ações humanas e o acesso a esse conhecimento se faz fundamental para a plena inserção dos sujeitos na sociedade. Ler e escrever são habilidades que ampliam as possibilidades de compreensão do mundo e "carimbam" um passaporte para a circulação por universos complexos e antes desconhecidos.

> Apossei-me de um livro intitulado *Tribulações de um Chinês na China* e o transportei para um quarto de despejo; aí, empoleirado sobre uma cama de armar, fiz de conta que estava lendo: seguia com os olhos as linhas negras sem saltar uma única e me contava uma história em voz alta, tomando o cuidado de pronunciar todas as sílabas. Surpreenderam-me – ou melhor, fiz com que me surpreendessem –, gritaram admirados e decidiram que era tempo de me ensinar o alfabeto. Fui zeloso como um catecúmeno; ia a ponto de dar a mim mesmo aulas particulares: eu montava na minha cama de armar com o *Sem Família* de Hector Malot, que conhecia de cor e, em parte recitando, em parte decifrando, percorri-lhe todas as páginas, uma após outra: quando a última foi virada, eu sabia ler.

> Fiquei louco de alegria: eram minhas aquelas vozes secas em seus pequenos herbários, aquelas vozes que meu avô

> reanimava com o olhar, que ele ouvia e eu não! Eu iria escutá-las, encher-me-ia de discursos cerimoniosos e saberia tudo. (SARTRE, 2000)

Sabemos também que, para obter este importante "passaporte", não basta decifrar a escrita como código. O domínio do código é apenas uma pequena parte do processo. Aproveitando a metáfora, poderíamos dizer que a apropriação da escrita como código seria como ter um passaporte, mas não conseguir um visto para viajar, pois, para poder circular pelos universos letrados, é preciso compreender não somente a natureza do sistema alfabético como também o funcionamento da linguagem escrita.

Ao considerarmos a escrita como um sistema de representação é importante ressaltar que estão em jogo dois processos:

1. *Compreender a natureza do sistema alfabético* como uma representação gráfica da linguagem, explorando as relações entre letras – sons, a segmentação entre as palavras, as quantidades e variedades de letras necessárias para escrever, a ortografia e organização espacial dos textos;

2. *Compreender o funcionamento da linguagem escrita* em suas características específicas, os gêneros, formas e discursos.

Uma prática pedagógica cuidadosa e centrada no aluno respeita sua forma de aprender e garante que os dois processos ocorram simultaneamente. Ao mesmo tempo em que a criança reflete e aprende sobre o *sistema alfabético*, ela tem a oportunidade de participar de situações de uso social da linguagem escrita, sendo apresentada aos textos em seus contextos específicos, por meio dos diferentes gêneros (listas, cartas, bilhetes, poemas, notícias etc.) e *portadores textuais* (livros, jornais, revistas etc.). São ações complementares, que precisam se combinar para que as crianças avancem tanto no domínio do sistema quanto na compreensão, produção e interpretação dos textos escritos.

A criança já está inserida na cultura escrita desde seu nascimento, ou seja, muito antes de aprender a ler e escrever ela já tem um nome escolhido por seus pais, um travesseiro ou fraldinha com seu nome, uma Certidão de Nascimento e outros "textos" que fazem parte de sua vida – inclusive as tantas palavras que vêm escritas nas roupas que usa. É por isso que questionamos a tradicional concepção de alfabetização que prega a necessidade de que primeiro a criança aprenda a ler e escrever (no sentido da decodificação apenas) para então ter acesso aos textos e à cultura escrita.

Atualmente, renovam-se as ideias de que é preciso simplificar o ensino da língua para que as crianças possam aprendê-la com mais eficiência. Fala-se que é importante ambientar-se no raso para depois sair nadando, ou que é melhor dirigir por ruas calmas para depois trafegar por avenidas. Porém já sabemos o efeito dessas práticas: elas podem parecer eficientes no curto prazo, mas limitam os conhecimentos das crianças a práticas escolarizadas, que não se aplicam na vida e pouco instrumentalizam os alunos a utilizarem seus conhecimentos em situações sociais. Saber decifrar não é saber ler! E nem sempre ler palavras habilita um sujeito a ler o mundo e desfrutar das múltiplas possibilidades que a leitura oferece.

Podemos usar outros exemplos que se contrapõem a esta concepção: para aprender a falar, os adultos não ensinam o som de cada letra ou sílaba, mas conversam com a criança. Para aprender a brincar, não há restrições de personagens ou de elementos coerentes com a brincadeira em andamento. Aprende-se a pular corda, pulando. Aprende-se a falar, falando.

É de responsabilidade da escola atender às exigências sociais de formação das crianças. Se queremos formar sujeitos independentes e aptos para atuar no mundo, a língua deve entrar na escola da mesma forma que existe vida afora, ou seja, por meio de práticas sociais de leitura e escrita. O objetivo é formar alunos que saibam produzir e interpretar textos de uso social e que circulem com propriedade e desenvoltura em várias situações comunicativas, que permitem plena participação na cultura escrita.

Fonte: Josca Ailine Baroukh

Este objetivo implica colocar o alunc em contato sistemático com o papel de leitor e escritor, compartilhando a *multiplicidade de propósitos* que a leitura e a escrita possuem: ler por prazer, para aprender, buscar informações, compartilhar experiências, expressar ideias, organizar pensamentos, para se comunicar, registrar e conservar a memória, entre tantas outras possibilidades.

Para formar usuários da língua, é preciso planejar situações didáticas em que o aluno ocupe com regularidade a posição de leitor e escritor. Para que possa praticar e aprender a gostar de ler, para gratificar-se pelo prazer da autoria, para deixar-se levar pelas imagens, rimas, sons e metáforas que a escrita proporciona deixando-se atravessar pelas experiências significativas e edificantes que levam ao conhecimento e ao domínio da linguagem escrita.

A educadora, formadora de professores e pesquisadora em alfabetização Delia Lerner (2002) assim define a importância da escola como porta de acesso aos conhecimentos de seus alunos:

> "Ensinar a ler e escrever é um desafio que transcende amplamente a alfabetização em sentido estrito. O desafio que a escola enfrenta hoje é o de incorporar todos os alunos à cultura do escrito, é o de conseguir que todos os seus ex-alunos cheguem a ser membros plenos da comunidade de leitores e escritores. Participar da cultura escrita supõe apropriar-se de uma tradição de leitura e escrita, supõe assumir uma herança cultural que envolve o exercício de diversas operações com os textos e a colocação em ação de conhecimentos sobre as relações entre os textos, entre eles e seus autores, entre os próprios autores, entre os autores, os textos e seu contexto..."

Acreditamos que todo aluno é capaz de desenvolver uma boa relação com a leitura e a escrita, comportamentos letrados, se for oferecido a ele a oportunidade para que esse encontro aconteça. Cabe aos professores a responsabilidade de apresentar esse mundo aos seus alunos e fazer com que esse vínculo se estabeleça e se estreite gradativa e progressivamente, ao longo do tempo e de forma definitiva. A construção do cenário para que o importante encontro entre a criança e as letras (em um sentido amplo) aconteça está a cargo do professor. Ele é que deve promover práticas de leitura e escrita ancoradas em textos de boa qualidade, em situações de aprendizagem significativas e prazerosas, que valorizem o esforço e a perseverança e que acolham os eventuais erros e frustrações como parte do processo.

4.4 Como as crianças aprendem?

> Diga-me e eu esquecerei
> Mostra-me e eu lembrarei
> Envolva-me e eu entenderei
> *Confúcio*

A forma de alfabetizar crianças sofreu mudanças ao longo do tempo e quase sempre o foco estava deslocado do sujeito; ou seja, a questão fundamental nem sempre se fez presente: o que vivem as crianças em seu processo de aprendizagem desses importantes conhecimentos? Enquanto olhávamos para formas de ensinar, nos afastávamos de nosso interlocutor, ou seja, de quem aprende.

No final da década de 1970, mais precisamente em 1979, as pesquisadoras Emília Ferreiro e Ana Teberosky publicaram seu livro "A psicogênese da língua escrita". Essa obra, que teve como ponto de partida investigações sobre a dificuldade das crianças em se alfabetizarem, revolucionou as práticas de ensino ao centrar seu foco na criança e deslocar as buscas do "como se ensina" para o "como se aprende".

Por meio de uma extensa e exaustiva pesquisa sobre o processo por meio do qual a escrita se constitui em objeto de conhecimento para a criança, as descobertas dessas autoras mudaram radicalmente as perguntas que estavam na origem dos estudos sobre a aquisição de leitura e escrita. Seus dados corroboraram a ideia de que as crianças trazem hipóteses sobre a leitura e a escrita antes mesmo de entrarem na escola, o que recoloca no centro da aprendizagem o sujeito ativo e inteligente descrito por Piaget. Um sujeito que pensa, que elabora hipóteses sobre o modo de funcionamento da escrita com a qual ele convive não só na escola, como fora dela. Assim, é pensando sobre a escrita, em como ela se organiza e que funções desempenha, que a criança aprende a ler e escrever.

Quando as crianças têm a oportunidade de experimentar a escrita e pensar sobre ela, quando interagem com conhecimento de ordem conceitual, elas exercitam atividades intelectuais que as levam a formular hipóteses acerca desse sistema de representação. Essas hipóteses indicam seu esforço em compreender a escrita e nos informam sobre como elas estão pensando e como podemos ajudá-las no processo de apropriação.

Compreender as hipóteses de escrita e manter sempre uma postura de interesse e acolhimento em relação às aprendizagens de seus alunos é fundamental ao professor que pretende contribuir efetivamente para o processo de aprendizagem deles.

Nos primeiros dias de aula, o professor alfabetizador tem uma tarefa muito importante: descobrir o que cada aluno sabe sobre o sistema de escrita. Esse procedimento é chamado *sondagem inicial* (ou diagnóstico da turma) e permite identificar quais hipóteses sobre a linguagem escrita as crianças têm e com isso adequar o planejamento das aulas de acordo com as necessidades de aprendizagem.

A sondagem é um importante recurso do professor e, como tal, deve ser considerada com cuidado e responsabilidade. Sondar significa explorar, conhecer. Portanto, o procedimento necessita ser realizado de forma muito precisa, para que as informações obtidas durante o mapeamento possam alimentar as ações do professor e ajudá-lo a determinar suas intervenções com cada criança ou grupo de crianças.

A sondagem pode ser entendida como uma preparação. Tal como o agricultor prepara a terra antes de plantar, arando e selecionando sementes adequadas para cada solo; ou o médico que pesquisa os sintomas de seu paciente para então medicá-lo, ao professor cabe pesquisar os conhecimentos sobre a escrita de seus alunos para propor as melhores atividades para ampliar os conhecimentos deles.

Após a realização da atividade de sondagem, o professor precisa interpretar com cuidado os dados e informações obtidos – além do que sabem sobre a escrita, é importante aferir qual relação as crianças estabelecem com a escrita. Como interagem frente a tais conteúdos? Com curiosidade? Interesse? Apreensão? Todas essas informações permitem uma avaliação e um acompanhamento dos avanços na aquisição da base alfabética e a definição das parcerias de trabalho entre os alunos. Além disso, representa um momento no qual as crianças têm a oportunidade de refletir, com a ajuda do professor, sobre aquilo que escrevem.

Para fins didáticos, organizamos os saberes das crianças em hipóteses e as agrupamos de acordo com elas. Essa prática permite que o professor proceda à organização de propostas adequadas para cada grupo de alunos, em momentos específicos do planejamento. Porém as informações e eventuais classificações das crianças em relação às hipóteses devem se restringir ao uso pelo professor, pois são conhecimentos específicos da didática da alfabetização pouco acessíveis às crianças e às famílias. Além do mais, espera-se que as crianças avancem em suas hipóteses de forma dinâmica a partir das intervenções do professor.

As pesquisas sobre a psicogênese da língua escrita, realizadas por Emilia Ferreiro e Ana Teberosky no fim dos anos 1970 e publicadas no Brasil em 1984, mostraram que as crianças constroem diferentes ideias sobre a escrita, resolvem problemas e elaboram conceituações para entender este complexo sistema. Essas conceituações se referem ao que pode ser considerada uma palavra, com quantas letras ela é escrita e em qual ordem as letras devem ser colocadas. Essas hipóteses se desenvolvem quando a criança interage com o material escrito e com leitores e escritores que, por meio de suas ações, oferecem informações e interpretam esse material. No livro *Aprender a Ler e a Escrever*, Ana Teberosky e Teresa Colomer (2002) ressaltam que as

> "hipóteses que as crianças desenvolvem constituem respostas a verdadeiros problemas conceituais, semelhantes aos que os seres humanos se colocaram ao longo da história da escrita".

E completa: o desenvolvimento "ocorre por reconstruções de conhecimentos anteriores, dando lugar a novas construções".

Diagnosticar o que os alunos sabem, quais hipóteses têm sobre a linguagem escrita e qual o caminho que vão percorrer até compreender o sistema e estar alfabetizados permite ao professor organizar intervenções adequadas à diversidade de saberes da turma. O desafio é propor atividades que não sejam tão fáceis a ponto de não promoverem avanços em relação aos conhecimentos já dominados, nem tão difíceis que se torne impossível para as crianças realizá-las.

Ferreiro e Teberosky observaram que, na tentativa de compreender o funcionamento da escrita, as crianças elaboram verdadeiras "teorias" explicativas que assim se desenvolvem: a *pré-silábica*, a *silábica*, a *silábico-alfabética* e a *alfabética*. São as chamadas hipóteses da psicogênese da língua escrita. As conclusões desse estudo são importantes do ponto de vista da prática pedagógica, pois indicam, como já mencionamos, que as crianças pensam sobre a escrita antes mesmo de ingressar na escola e que não dependem da autorização do professor para iniciar esse processo. É importante lembrar que as crianças utilizam dois critérios ao mesmo tempo para pensar sobre a escrita:

- A quantidade de caracteres;

- A qualidade desses caracteres.

Veremos agora como as crianças pensam a escrita, que ideias e hipóteses desenvolvem, desde as primeiras aproximações do sistema até sua completa compreensão.

1) Hipótese pré-silábica

É o momento inicial de aproximação da escrita. Nesta hipótese, a criança não percebe a escrita como uma representação do falado, mas começa a se dar conta de que existe uma outra forma de representar que é diferente dos desenhos ou símbolos. A hipótese pré-silábica se caracteriza em dois níveis.

No primeiro, as crianças procuram diferenciar o desenho da escrita, identificando o que é possível ler. Nesse momento, se propriamente estimuladas, elas começam a "brincar de escrever" e então fazem pequenos rabiscos, traços, "bolinhas" ou "minhocas" num ato de imitação da escrita manuscrita convencional. Pode acontecer também de se arriscarem a identificar as letras em contextos diversos. Por vezes, presenciamos situações em que as crianças dizem: "Tem um O ali", ou, "Achei essa que tem no meu nome." Tais manifestações espontâneas são mais frequentes quando as crianças compartilham de um ambiente alfabetizador ou participam de espaços em que a escrita é valorizada.

Já no segundo nível, as crianças constroem dois princípios organizadores básicos sobre a escrita, que vão acompanhá-las por algum tempo durante o processo de alfabetização:

- é preciso uma *quantidade mínima de letras* para que alguma coisa esteja escrita (em torno de três letras);
- é necessária que haja uma *variedade interna de caracteres* para que se possa ler.

Para escrever, a criança utiliza letras aleatórias (geralmente presentes em seu próprio nome) e sem uma quantidade definida. Pode acontecer também de serem usadas "pseudoletras", ou seja, desenhos que se assemelham às letras, mas ainda não trazem a grafia convencional. Conforme vão sendo expostas aos textos em diferentes oportunidades e situações significativas, as crianças avançam em seus conhecimentos.

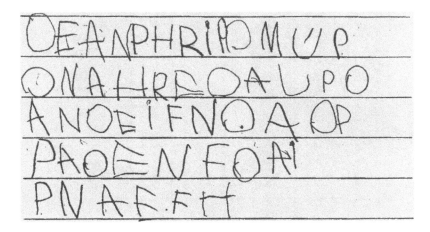

Escrita pré-silábica
Fonte: Arquivo pessoal da autora

2) Hipótese silábica

Quando a escrita da criança apresenta uma relação de correspondência termo a termo entre a grafia e as partes do falado, ela se encontra na hipótese silábica. O aluno começa a atribuir a cada parte do falado (a sílaba oral) uma grafia, ou seja, uma letra escrita. Essa etapa também pode ser dividida em dois níveis:

- No primeiro, chamado *silábico sem valor sonoro*, ela representa cada sílaba por uma única letra qualquer, sem relação com os sons que ela representa;

- No segundo, o *silábico com valor sonoro*, há um avanço em relação ao repertório de letras conhecidas, e cada sílaba é representada por uma vogal ou consoante que expressa o seu som correspondente, o que indica um crescente domínio do alfabeto, das letras e seus sons.

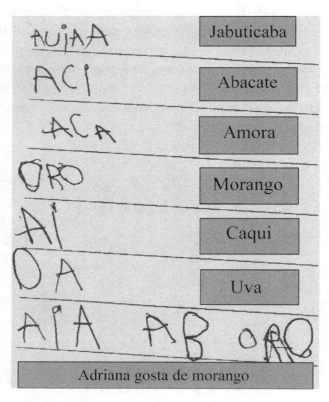

Escrita silábica
Fonte: Arquivo pessoal da autora

Desvendando mistérios: como se aprende a ler e escrever

3) Hipótese silábico-alfabética

Escrita silábico-alfabético
Fonte: Arquivo pessoal da autora

A hipótese silábico-alfabética corresponde a um período de transição no qual a criança trabalha simultaneamente com duas hipóteses: a silábica e a alfabética.

Nesse momento de seu processo de alfabetização, a criança entra em conflito por perceber que nem sempre uma única letra é suficiente para representar um som, e assim ela ora escreve atribuindo a cada sílaba uma letra, ora representando as unidades sonoras menores, os fonemas. Ou seja, se para escrever BONECA antes bastava colocar OEA, ou BNC, ou BNA, conforme vai avançando em seus conhecimentos, ela começa a ficar insatisfeita com essas escritas e passa a experimentar formas mais complexas, como BOECA, por exemplo.

4) Hipótese alfabética

Escrita alfabética
Fonte: Arquivo pessoal da autora

A hipótese alfabética marca a plena compreensão do funcionamento do sistema de escrita alfabético. Nesse momento a criança usa fonemas completos, compostos por duas ou mais letras em suas escritas, sempre respeitando a correspondência sonora e recorrendo a outros conhecimentos para sustentar suas hipóteses. Nessa fase, é comum as crianças dizerem: "eu sei como é o TA, é igual o nome da Tatiana!", por exemplo.

Vale ressaltar que compreender a lógica do sistema não exime as crianças de cometerem erros ortográficos. Eles ainda são bastante frequentes nesse momento do processo, pois muitas convenções ainda não são dominadas pelas crianças. Ou seja, uma criança que escreve "Diário cecreto" com a letra C já compreendeu o sistema, mas ainda não teve a oportunidade de perceber que antes das vogais E e I a letra C não tem o som de K, mas de C. As regras e convenções ortográficas devem ser trabalhadas oportunamente, conforme as crianças forem sendo expostas a textos bem escritos, que são uma ótima fonte de informação sobre o bom uso da língua escrita.

4.5 Sondagem: para conhecer como as crianças pensam

O professor deve realizar a primeira sondagem no início do período letivo e, depois, ao fim de cada bimestre, mantendo um registro criterioso do processo de evolução das hipóteses de escrita das crianças. Ao mesmo tempo, é fundamental uma observação cotidiana e atenta do percurso dos alunos. A atividade de sondagem é como uma foto do processo de aprendizagem da criança naquele momento. E como esse processo é dinâmico e na maioria das vezes evolui muito rapidamente, pode acontecer de as crianças mudarem sua compreensão durante a própria atividade, ou apenas alguns dias depois da sondagem. Por esse motivo, é importante o professor acompanhar esse processo bem de perto e nortear seu olhar para o momento de cada aluno. Mesmo que não consiga estar com todas as crianças na mesma semana, um bom roteiro de observação, uma pauta a ser preenchida periodicamente, permite ao professor manter-se próximo aos diferentes percursos que acontecem na sala de aula, preparando intervenções adequadas a cada um deles.

As sondagens são muito bem-vindas por oferecerem um retrato das aprendizagens das crianças e nortearem a ação do professor, mas não podem funcionar como crivo de avaliação ou rótulo para definir as crianças.

Como elaborar a sondagem? Para ser eficiente, a sondagem deve ser um momento de encontro entre a criança, o professor e o conhecimento. O clima de trabalho deve ser de tranquilidade e compromisso, é importante que a criança identifique esse momento como uma situação de trabalho, em que ela deve se empenhar e colocar em jogo tudo o que sabe, porém não há necessidade de sentir-se tensa ou pressionada pela situação.

A sondagem pode ser uma lista de palavras acompanhada ou não de frases, uma produção espontânea de texto ou outra atividade de escrita. É imprescindível que a criança leia imediatamente o que produziu, para que fique claro ao professor como ela estava pensando ao produzir sua escrita. Sem a atividade de leitura imediata a sondagem perde sua validade, pois não é possível saber como a criança está pensando, que tipo de relação estabelece.

Para fins didáticos, utiliza-se um tipo de sondagem típico que se caracteriza por uma lista de palavras pertencentes a um mesmo campo semântico, ou seja, que tratem do mesmo assunto. Assim garantimos à criança outro importante aspecto da língua escrita, que é seu propósito de comunicação. Afinal, não há situações sociais em que escrevem palavras soltas, sem sentido. Em geral, uma lista diz respeito a alguma coisa: lista de compras, de coisas a fazer, de animais que conhece, enfim, o que caracteriza uma lista é que ela tem um tema e as palavras vêm uma embaixo da outra.

De forma a facilitar a interpretação dos dados pelo professor, essas palavras são escolhidas por ele e ditadas às crianças, que são convidadas a escrevê-las numa folha, devendo ler cada uma delas em seguida. Ao final, quase sempre é sugerida a escrita de uma frase que contenha uma das palavras da lista, para avaliarmos se há estabilidade na escrita. Ou seja, se a criança mantém a mesma escrita, se ela está pensando que as letras em uma mesma ordem mantêm o mesmo significado.

A primeira palavra a ser solicitada é a escrita do nome da criança. A seguir, o nome de alguém de quem ela goste: pai, mãe, amigo, irmão, irmã etc. A intenção deste pedido é verificar se a criança já tem um acervo de escritas de palavras conhecidas, que servem de base para pensar sobre o sistema. Sabemos que a primeira palavra que a criança escreve é seu nome. Sua curiosidade sobre seu nome aparece muito cedo e ela começa a reconhecer sua inicial em vários lugares, muitas vezes comentando: "esta é a minha letra!".

Para proporcionar desafios em relação à reflexão sobre o sistema, inicia-se o ditado das palavras pela maior delas, a polissílaba (que tem mais de três sílabas), para então seguir em ordem decrescente, até uma palavra monossílaba (que tem apenas uma sílaba). A escolha das palavras também não deve se pautar por aquelas que têm sílabas canônicas, ou seja, consoante + vogal, pois em nossa língua é muito comum haver sílabas com mais de duas letras, chegando a cinco, como no caso de trans – por – te, e que necessariamente não se compõem de uma consoante antes de uma vogal, como em automóvel. Como as crianças pensam sobre a escrita em situações cotidianas, elas encontram todo tipo de palavras. Se na escola limitamos a escrita utilizando apenas aquelas com sílabas canônicas, estamos sonegando informações às crianças!

É importante ditar as palavras naturalmente, como são faladas no cotidiano, sem ênfase nas sílabas ou nas letras, pois isso induz a criança a seguir a orientação do professor, abandonando suas hipóteses. Numa outra folha, o professor deve anotar como a criança escreve e como ela lê seu escrito. Por exemplo:

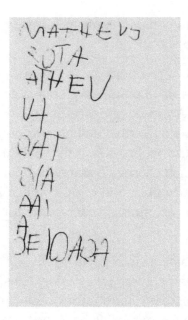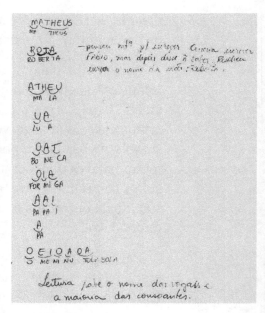

Sondagem - escrita da criança e anotações da professora
Fonte: Josca Ailine Baroukh

Ao final da sondagem, o professor deve recolher e arquivar as produções de cada criança para acompanhar assim seu processo e evolução.

Além das próprias sondagens, as pautas de observação elaboradas pelo professor ou equipe de professores e coordenadores complementam a avaliação sobre as hipóteses de escrita.

| Quadro 4.1 Alguns exemplos de sondagens |||
Lista de produtos do mercado	Lista de animais	Materiais da escola
Sabonete Batata Café Pão	Borboleta Cavalo Gato Rã	Apontador Caneta Cola Giz
Eu comprei café no mercado	O gato pula no mato	Eu escrevo com a caneta

As pautas de observação podem ser elaboradas pelo professor ou pela equipe de professores, para ajudar no acompanhamento dos alunos e no planejamento das atividades com base nos dados obtidos durante as observações. São inúmeras as possibilidades de tópicos a serem levantados para acompanhamento, e o que será priorizado por cada professor depende de suas escolhas, objetivos e necessidades.

Por exemplo, numa turma de crianças mais resistentes em relação à leitura, em que o professor se propõe a trabalhar a relação das crianças com o texto, a pauta pode contemplar:

1. o interesse das crianças em relação aos textos

2. as preferências do grupo

3. o uso dos conhecimentos prévios na antecipação dos conteúdos

4. o reconhecimento de palavras significativas

5. os níveis de leitura – início da decifração, decifração insegura/compreensão etc.

6. a habilidade de compreensão do texto

7. a capacidade de reconhecer a estrutura do texto e levantar informações sobre o que foi lido

8. a possibilidade de fazer comentários

Já em relação à escrita/reflexão sobre o sistema, podemos acompanhar se a criança consegue;

1. escrever seu nome,

2. se reconhece as letras do alfabeto,

3. se consegue nomeá-las ou identificá-las nos nomes dos colegas ou nas palavras estáveis presentes no cotidiano escolar,

4. em que hipótese se encontra,

5. como grafa as letras,

6. se admite as intervenções do professor e colegas,

7. se atenta aos aspectos formais do texto como espaços, títulos etc.

Nomes	Não conseguiu ou não quis ler	Leu com muita dificuldade	Leu com alguma fluência	Leu com fluência	Compreensão	Leu em bastão	Leu em imprensa	Observações
Alexander				X	OK		X	
Caio				← X	OK		X	Confundindo o d b
César	← X				+ –	X		
Guilherme				X	OK		X	
João Pedro				← X			X	
José Luís				X	OK		X	
Luca			← X		OK	X		
Nicolas	X				X	X		
Pierre				X	OK		X	
Rafael			X		OK			
Rodrigo				X →	OK			
Clara			X			X	X	
Dora B.				X	OK		X	
Dora D.	X →				OK	X		
Gabriela			X		OK		X	
Helena								d e b
Luiza				X	OK		X	
Maria Clara				X →	OK		X	
Maria Luíza				X	OK	X		
Mariana				X	OK		X	
Victória				← X	OK	X		
Marco			X		+ –		X	

Pauta de leitura
Fonte: Arquivo pessoal da autora

4.6 Possibilidades de trabalho a partir das necessidades e possibilidades das crianças

Uma vez diagnosticadas as necessidades das crianças com base em informações precisas sobre os conhecimentos que possuem, o professor está pronto para atuar, promovendo a aprendizagem e a ampliação dos saberes. Segundo Onrubia (1998), a aprendizagem escolar é um processo ativo por parte do aluno e nesse exercício ele constrói, modifica e diversifica conhecimentos a partir de experiências significativas.

Sabemos também que a aprendizagem não acontece espontaneamente, ao acaso, sendo fundamental uma intervenção externa, planejada e sistemática para que as crianças ganhem acesso aos saberes culturais e sociais ensinados pela escola.

De acordo com a concepção construtivista, para aprender o aluno precisa protagonizar atividades mentais construtivas, que proporcionam mudanças em seus esquemas de conhecimento. Isso significa que a mera transmissão do conhecimento não garante a aprendizagem efetiva, uma vez que ela nem sempre viabiliza o esforço mental estruturante que leva à aprendizagem. Nesse sentido, é de responsabilidade da escola propor oportunidades efetivas de aprendizagem real para seus alunos. Qual a melhor forma de fazer isso? Para guiar a aprendizagem das crianças é preciso identificar zonas de desenvolvimento proximal e atuar nelas, por meio de uma ajuda ajustada às demandas das crianças em cada etapa de seu *processo de aprendizagem*.

Ao defender o ensino como ajuda ajustada, Onrubia (1998) afirma:

> "Portanto, podemos afirmar que oferecer uma ajuda ajustada à aprendizagem escolar supõe criar Zona de desenvolvimento proximal e oferecer nelas ajuda e apoio para que, por meio dessa participação e graças a esses apoios, os alunos possam ir modificando, na própria atividade conjunta, seus esquemas de conhecimento e seus significados e sentidos, e possam ir adquirindo mais possibilidade de atuação autônoma e uso independente desses esquemas perante novas situações, cada vez mais complexas".
>
> (**O construtivismo na sala de aula**. São Paulo: Ed. Ática. p.129.)

Ajuda ajustada é um tipo de intervenção específico, que se realiza a partir de uma Zona de desenvolvimento proximal criada pelo professor. Para realizar a ajuda ajustada o professor precisa identificar quais os saberes das crianças e propor desafios que dialoguem com esses conhecimentos, para assim promover aprendizagens significativas. Pode-se dizer que oferecer uma ajuda ajustada à aprendizagem escolar supõe criar ZDP e nela intervir, dar suporte, ajustar a ajuda conforme a necessidade do aluno, para que ele modifique seus esquemas de conhecimento.

Ao longo de um ano de trabalho, ou de um percurso de aprendizagem, podemos identificar várias ZDP, que se estabelecem de acordo com os conhecimentos atuais do aluno, relacionados aos conteúdos escolares determinados, portanto, não é uma zona estática, na qual apenas um método pode ser utilizado. Sendo assim, a ajuda ajustada relacionada à ZDP pede a elaboração de vários métodos de ensino, que variam em quantidade e qualidade da intervenção pedagógica, ou seja, nesse caso, não podemos definir um único tipo de intervenção eficaz, pois ela deve acontecer em diálogo com as demandas dos alunos, é a sintonia entre as necessidades das crianças e a atuação do professor que determina a eficiência da proposta.

Por exemplo, quando os alunos já sabem que para representar cada emissão sonora da palavra são necessárias letras, mas ainda não conseguiram articular o valor sonoro a tais representações, o professor pode propor uma atividade que convide as crianças a considerar essa nova informação, como oferecer letras móveis (letras em madeira ou em pequenos pedacinhos de papel usadas para montar palavras) e sugerir que as crianças escrevam palavras parecidas, que comecem ou terminem com as mesmas sílabas (Bola/Bela), e direcionar a atenção delas para essas regularidades.

Como já abordamos anteriormente, a zona de desenvolvimento proximal, ou ZDP, é um conceito formulado por L.S. Vygostky que se caracteriza por um espaço potencial de aprendizagem, ou seja, um desafio localizado um pouco acima do que a criança consegue realizar com independência, mas próximo o suficiente para que seja enfrentado com ajuda do professor ou dos colegas. Essa distância ótima permite a progressiva independência de pensamento e iniciativa para a resolução de problemas por parte da criança, o que resultará em profundas e permanentes modificações dos esquemas de conhecimento, gerando avanços. A premissa é que aquilo que o aluno pode realizar com ajuda em determinado momento abre caminho para que ele o faça de forma independente a partir dessas experiências de trabalho conjunto.

Por exemplo, ao propor um trabalho em duplas entre crianças com hipóteses próximas em relação à compreensão do sistema de escrita, possibilitamos que cada um contribua com seus conhecimentos e, assim, na cooperação, ambas têm a oportunidade de avançar ou consolidar seus conhecimentos. No caso, se uma criança já percebeu, por exemplo, que para escrever determinada palavra são necessárias mais letras e outra ainda está convicta de que somente as vogais bastam para essa representação, ao escreverem juntas elas poderão confrontar suas hipóteses e argumentar em favor do que pensam, o que certamente promoverá ricas trocas de conhecimentos.

Caminhante

Caminhante, são tuas pegadas
O caminho, e nada mais;
Caminhante, não há caminho,
Se faz o caminho ao andar.
Ao andar se faz caminho
E ao olhar para trás
Vemos a senda que nunca
Voltaremos a pisar.
Caminhante, não há caminho,
Apenas uma trilha no mar.

(Poema original *Caminante*, Antonio Machado.
Tradução de Josca Ailine Baroukh)

Alguns aspectos importantes devem ser considerados pelos professores que pretendem investir na ajuda ajustada e atuar nas zonas de desenvolvimento proximal das crianças em sua prática. Entre aqueles levantados por Onrubia, ressaltamos três que consideramos fundamentais para uma atuação comprometida e consistente. Retomando a ideia de encontro e considerando essa importante situação de interação como um encontro verdadeiro, aquele do qual todos os participantes saem diferentes de como entraram, por se deixarem tocar pela experiência, devemos considerar que: Antonio Machado y Ruiz, um dos poetas espanhóis da famosa "geração de 1898", escreveu um belo poema sobre fazer o caminho enquanto caminhamos.

1. *Faz-se o caminho ao andar* – isso significa que o professor precisa estar plenamente presente e deixar-se impregnar pelas necessidades de seus alunos para assim descobrir

qual a melhor forma de alcançá-los. Para ser eficiente em sua intervenção é preciso ter clareza de seus objetivos e também abertura para lidar com o concreto. Planejar é importante, mas nem sempre um bom planejamento é suficiente para aprendizagens significativas, pois o ensino não é linear e tampouco automático. É preciso cuidar para não caminharmos sós, deixando para trás nossos alunos, que devem ser sempre nosso foco principal e o norte de nossa bússola. Isso não significa ficar à deriva, é importante não perder de vista as expectativas de aprendizagem previamente estabelecidas, nossos objetivos e metas, eles seriam o ímã da bússola, e assim, com a engrenagem completa, o caminho pode ser trilhado em conjunto. Não podemos esquecer que o processo de construção de conhecimento traz em si muitos encontros e relações. Relação entre sujeitos, que passa pelos afetos, temores, apreensões, desejos... Relação com conteúdos, relação com espaços, com a cultura... Que indícios me fornecem as crianças sobre caminhos a serem seguidos? Sobre o que falam? Como reagem às propostas que levamos a eles? Quando podemos identificar um brilho mais intenso em seus olhos? Ao ouvirem uma história? Quando tentam descobrir o que está escrito no quadro? Ao identificarem palavras significativas da rotina ou de uso cotidiano? Todas essas referências participam do percurso de aprender!

2. *Cada caso é um caso* – a partir do que descrevemos acima, decorre a conclusão de que é importante diversificar as formas de intervenção e ajuda, explorando ações "sob medida" para as diferentes situações vividas. Por exemplo, se num determinado momento uma atividade em dupla foi instrumentalizadora para uma parte do grupo, isso não significa que esse formato de atuação funcionará sempre e para todas as crianças. Mais uma vez, é preciso viver, avaliar e então definir o melhor caminho a seguir.

3. "Navegar é preciso", parafraseando Fernando Pessoa. *Avaliar é preciso*! Para atuarmos de forma eficiente, é fundamental termos clareza do território em que estamos. Ou seja, avaliar é necessário e nos garante a precisão sobre nossas ações. Daí o duplo sentido da afirmação – avaliar é preciso! É necessário, e a precisão é fundamental.

A avaliação nos permite aferir sobre as aprendizagens das crianças e determinar a eficácia de nossas intervenções. Não podemos nos esquecer de que o processo de aprendizagem é dialético, portanto envolve idas e vindas e precisa ser considerado nesse contexto de oscilações. Ou seja, não podemos assumir que uma vez trabalhado um conteúdo com a turma ele estará aprendido para sempre. Por isso, quando desenvolvemos formas precisas de avaliação, temos mais chances de conhecer as reais possibilidades de nossos alunos. E, ao compartilhamos com eles essas informações, possibilitamos o importante exercício da *metacognição*, ou seja, a tomada de consciência sobre o próprio processo de aprendizagem.

Uma vez garantidas as condições básicas para o desenvolvimento de um cenário favorável para a aprendizagem significativa, podemos então pensar sobre as formas de ocupá-lo como palco para as importantes experiências de interagir, conviver e aprender.

Que tal um relato de aula em que esses aspectos estejam presentes? Um registro de professor?

O professor tem um papel determinante nesses encontros, pois ele é um parceiro mais experiente e dispõe de sua bagagem de conhecimentos e experiência profissional para criar as zonas de desenvolvimento proximal e atuar sobre elas. Ele não deve se furtar a propor atividades de qualidade, cuidadosamente planejadas, que mantenham um vínculo com seu objetivo didático e significado social e que mirem um contexto de aprendizagem mais amplo, ainda que não totalmente acessíveis plenamente aos alunos. Um exemplo deste tipo de atividade é a leitura para crianças bem pequenas, que pode ser feita tanto pelo professor quando por familiares. Quando lemos para bebês ou crianças bem pequenas, por exemplo, não pretendemos alfabetizá-las, mas inseri-las no contexto letrado. Nossos gestos, a forma como manuseamos os livros, interagimos com eles e nos relacionamos com o texto informam a criança de como podem se estabelecer essas relações. Esse repertório de experiências alimenta o universo infantil e aos poucos elas, dentro de suas possibilidades, as crianças desenvolvem habilidades simples em relação à proposta, como a identificação de imagens, a repetição de frases ou palavras das histórias, mas que alicerçam e abrem espaço para futuros conhecimentos.

Isso nos leva a outra importante tarefa do professor: o acolhimento e identificação das diversas formas de participação dos alunos em relação aos conhecimentos. As crianças se manifestam de maneiras diversas e cabe ao professor traduzir essas iniciativas e socializá-las com a turma, numa atitude de estímulo à participação de todos. Isso se evidencia ainda mais quando trabalhamos com crianças com deficiências, por exemplo. É importante legitimar ao grupo as formas como elas interagem com os conhecimentos, numa postura de aceitação às diferenças e desafio a cada aluno dentro de suas possibilidades.

> Eu não sabia ainda ler, mas já era bastante esnobe para exigir os meus livros. Meu avô foi ao seu escritor e conseguiu de presente *Os Contos* do poeta Maurice Bouchor, narrativas extraídas do folclore e adaptadas ao gosto da infância por um homem que conservara, dizia ele, olhos de criança. Eu quis começar na mesma hora as cerimônias de apropriação. Peguei os dois volumezinhos, cheirei-os, apalpei-os, abri-os negligentemente na 'página certa', fazendo-os estalar. Debalde: eu não tinha a sensação de possuí-los. Tentei sem maior êxito tratá-los como bonecas, acalentá-los, beijá-los, surrá-los. Quase em lágrimas, acabei por depô-los sobre os joelhos de minha mãe. Ela levantou os olhos de seu trabalho: 'O que queres que eu te leia, querido? As Fadas?' Perguntei, incrédulo: 'As fadas estão aí dentro?'

> (...) Anne-Marie fez-me sentar à sua frente, em minha cadeirinha; inclinou-se, baixou as pálpebras e adormeceu. Daquele rosto de estátua saiu uma voz de gesso. Perdi a cabeça: quem estava contando? O quê? E a quem? Minha mãe ausentara-se: nenhum sorriso, nenhum sinal de conivência, eu estava no exílio. Além disso, eu não reconhecia a sua linguagem. Onde é que arranjava aquela segurança? Ao cabo de um instante, compreendi: era o livro que falava. (SARTRE, 2000)

> **Para saber mais**
>
> Prazeres e saberes de leitores não convencionais – Revista Avisa lá (julho 2004).

4.7 Refletindo sobre o sistema: alguns exemplos de atividades e possibilidades de intervenção para cada hipótese

Como já mencionamos anteriormente, o aprendizado da língua escrita não se restringe ao desenvolvimento de capacidades relacionadas à memorização, percepção e treino de um conjunto de habilidades sensório-motoras. Para aprender a ler e escrever a criança precisa construir um conhecimento de natureza conceitual, que envolve a compreensão do que a escrita representa e da forma como ela representa graficamente a linguagem. Esse é um árduo e fascinante processo, no qual as crianças precisam resolver problemas de natureza lógica até chegarem à compreensão da escrita alfabética da Língua Portuguesa e assim poderem ler e escrever com autonomia. Segundo os Referenciais Curriculares Nacionais para a Educação Infantil (RCNEIs), para favorecer as práticas de escrita, algumas condições são consideradas essenciais:

1. Reconhecer a capacidade das crianças para escrever e dar legitimidade e significação às escritas iniciais, uma vez que estas possuem intenção comunicativa;

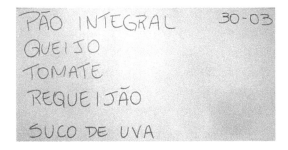

Lista de alimentos do lanche do dia
Fonte: Arquivo pessoal da autora

2. Propor atividades de escrita que façam sentido para as crianças, isto é, que elas saibam para que e para quem estão escrevendo, revestindo a escrita de seu caráter social;

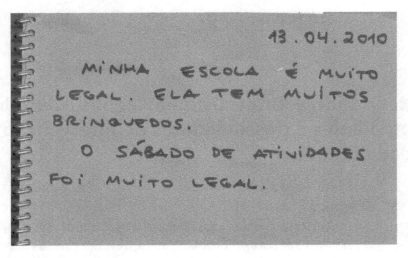

Caderno de vivências, as crianças registram suas experiências
Fonte: Arquivo pessoal da autora

3. Propor atividades que permitam a diversidade de estratégias nas formas de resolução encontradas pelas crianças;

As crianças fazem assim...

Descobrindo que texto é....

O grupo gostou tanto do livro "O carteiro chegou" que resolvi fazer uma atividade em que as crianças tinham que localizar uma carta entre diferentes textos que levei para a sala. Levei 3 impressos: uma receita, uma lista e uma carta. Ao verem o título da receita em destaque, Marina, Gabriel e Henrique disseram: – Acho que essa é a carta. Olha, tem uma parte em cima! Já Victor e Luiza ponderaram: – Não, aí não tem número, não deve ser a data! Assim, todos foram se aproximando dos portadores, tentando inferir de que tipo de texto se tratava. Como já trabalhamos bastante com as listas, ela foi logo descartada, e

as atenções ficaram entre a receita e a carta. Por fim, Bruna disse:
– Eu acho que essa é a carta, pois está assinada!

(Atividade realizada na Escola Vera Cruz, em 2008)

As crianças colocam a carta na caixa de correio
Fonte: Escola Vera Cruz

4. Ajudar as crianças a desenvolverem a habilidade de retornar ao texto escrito – reler o que está ou foi escrito – para reelaborá-lo, ampliá-lo ou melhor compreendê-lo.

Escrita de bilhete pelas crianças
Fonte: Arquivo pessoal da autora

O grande desafio das crianças que se encontram na hipótese pré-silábica é compreender que a escrita representa a fala. Neste caso, é interessante propor atividades de ajuste entre o falado/cantado e escrito. Ouvir canções conhecidas acompanhando a letra escrita, tentar localizar palavras em parlendas, identificar nomes em listas, trabalhar com textos que as crianças já conheçam de memória, entre outras propostas, contribuem para o avanço das crianças, que começam a relacionar o que está escrito e onde está escrito.

Para essas crianças é importante que desenvolvam um repertório de palavras estáveis, aquelas cuja escrita já são conhecidas, que podem servir de fonte de informação para futuras escritas. Por exemplo, se uma criança quer escrever BRIGA e na sala tem um mural com as palavras das atividades do dia e entre elas encontra-se BRINCADEIRA, tanto as crianças quanto o professor podem recorrer a essa importante e confiável informação. Jogos com as letras e com o alfabeto também são bem-vindos nesse momento. Alguns exemplos: bingos de nomes das crianças da sala, sorteio de letras para que as crianças ditem palavras começando por elas etc.

Para organizar o dia no mural, é preciso ler as tarjas
Fonte: Arquivo pessoal da autora

Já as crianças que acreditam que as letras podem ser usadas para representar os sons das palavras devem ser convidadas, inicialmente, a identificar que letras são mais adequadas para representar cada som. Será que tanto faz? Ou algumas letras se prestam melhor a representar determinados sons? Os nomes dos colegas ou outras palavras conhecidas podem ser muito úteis nesse momento.

Atividades como leitura de nomes, elaboração de listas, ou ordenação de textos ajudam as crianças que pensam de forma silábica a avançarem em seus conhecimentos. A escrita de músicas, parlendas e quadrinhas memorizadas também pode ser útil, pois, como já sabe o que escrever, a criança pode dedicar-se plenamente ao desafio de como escrever. Aqui, vale destacar que os textos de tradição oral são amplamente utilizados em brincadeiras. E as crianças precisam ter acesso a eles por meio das brincadeiras, até memorizá-los. Somente em situações de uso social é que os textos ganham significado. Uma vez memorizadas, o professor pode pedir sua escrita para que possam ser divulgadas às famílias ou outras turmas da escola.

Quando as crianças já adquiriram o valor sonoro das letras, sejam vogais ou consoantes, o professor pode propor desafios que desestabilizem essa hipótese. Pode pedir que as crianças escrevam palavras parecidas, que teriam uma escrita idêntica silabicamente, como PATO, GATO, MATO. É importante frisar que saber o nome das letras ajuda a escolhê-las.

As crianças fazem assim...

Lucas estava pensando nos sons das letras para superar o desafio de ter uma mesma escrita (ATO) para as três palavras (PATO, MATO, GATO). Depois de algum tempo, trouxe a escrita HTO, para GATO e explicou que a letra H tem o som de GÁ.

Localizar palavras em uma lista ou preencher textos lacunados ou cruzadinhas, com ou sem banco de palavras, também são atividades interessantes para esse momento, pois as crianças podem recorrer a estratégias diversas como a letra inicial, final, o tamanho da palavra, entre outras.

FAÇA UM CÍRCULO EM VOLTA DAS PALAVRAS QUE FOREM DITADAS :

> **HAVIA UMA <u>BARATA</u>**
>
> **NA CARECA DO VOVÔ.**
>
> **ASSIM QUE ELA ME VIU**
>
> **BATEU ASAS E VOOU.**

LEIA A PALAVRA QUE ESTÁ SUBLINHADA E DESENHE - A ABAIXO:

Texto lacunado: Alecrim Dourado
ALECRIM, ALECRIM _____,   QUE NASCEU NO _____ SEM SER SEMEADO.   FOI MEU _____ QUE ME DISSE ASSIM,   QUE A FLOR DO CAMPO É O _____.

Exemplo de atividade para localizar palavras
Fonte: Arquivo pessoal da autora

Nesse caso, as crianças vão preencher as lacunas da letra de uma canção bem conhecida delas. Algumas das palavras a serem escritas podem ser encontradas no próprio texto, mas sua localização depende de um esforço de sincronia entre a escrita e a leitura. Por exemplo, a última palavra solicitada é alecrim, a primeira do texto.

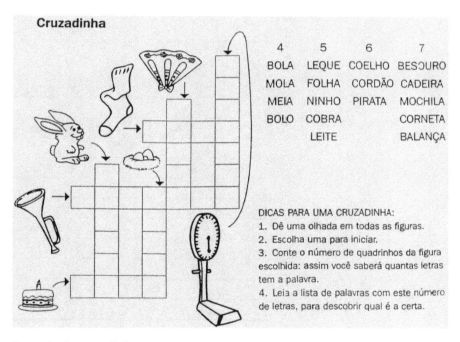

Exemplo de cruzadinha
Fonte: Arquivo pessoal da autora

Na hipótese silábico-alfabética as crianças podem trabalhar com letras móveis, e o professor pode oferecer as letras exatas misturadas, propondo o desafio de usar todas elas para a escrita das palavras. Assim elas vão gradativamente se dando conta de que para representar os fonemas são necessárias mais de uma letra para escrever.

Por exemplo, após ler alguns contos de fadas, o professor entrega apenas as nove letras de CINDERELA, embaralhadas que vão escrever o nome da história.

Aos alfabéticos os desafios podem incluir, gradativamente, o trabalho com as questões ortográficas, a começar pelo trabalho com a segmentação entre as palavras, que no começo são escritas de forma aglutinada. Para chamar a atenção a este aspecto, por exemplo, o professor pode pedir que as crianças leiam um texto escrito todo grudado e tentem separar as palavras. Ou pedir que observem um texto do ponto de vista de seu aspecto formal. Será que as crianças enxergam a pontuação e espaços entre as palavras? Aos poucos, as regras ortográficas podem ser trabalhadas.

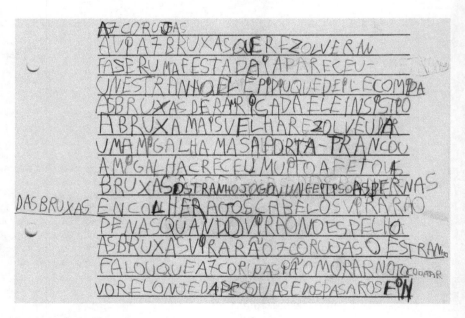

Escrita aglutinada
Fonte: Arquivo pessoal da autora

Para todas as atividades propostas é importante ressaltar sempre a importância do planejamento, que determina o objetivo da atividade, os desafios colocados para os alunos, aferindo se eles estão adequados ou não ao momento de cada um e também os procedimentos didáticos a serem garantidos pelo professor. ■

5 Alfabetização e diversidade: os desafios da educação inclusiva

> "(...) quando uma criança nasce, um outro aparece entre nós. (...) É um outro porque sempre é outra coisa diferente do que podemos antecipar, porque sempre está além do que sabemos, ou do que queremos ou do que esperamos. A educação é o modo como as pessoas, as instituições e as sociedades respondem à chegada daqueles que nascem. A educação é a forma com que o mundo recebe os que nascem. Responder é abrir-se à interpelação de uma chamada e aceitar uma responsabilidade. Receber é criar um lugar, abrir um espaço em que aquele que vem possa habitar; pôr-se à disposição daquele que vem, sem pretender reduzi-lo à lógica que impera em nossa casa."
>
> *Jorge Larossa*

Neste último capítulo trataremos brevemente dos desafios da educação inclusiva, pois essa é não só uma responsabilidade, mas também um valor em nossa concepção de educação, já explicitada nos capítulos anteriores.

Quando entendermos a escola como um espaço coletivo, de encontro, que acolhe a todos e se responsabiliza por formar sujeitos (no sentido amplo do termo), aptos a construírem e a participarem de uma sociedade justa e humana, não será necessário falarmos em inclusão, uma vez que todos, em suas especificidades, deverão estar contemplados nesse espaço – aprendendo, interagindo, criando.

> "Posicionamo-nos em defesa da escola democrática que humanize e assegure a aprendizagem (de todos que a frequentam). Uma escola que veja o estudante em seu de-

senvolvimento – criança, adolescente e jovem em crescimento biopsicossocial, que considere seus interesses e de
seus pais, suas necessidades, potencialidades, seus conhecimentos e sua cultura. Desse modo, comprometemo-nos
com a construção de um projeto social que não somente
ofereça informações, mas que, de fato, construa conhecimentos, elabore conceitos e possibilite a todos o aprender,
descaracterizando, finalmente, os lugares perpetuados na
educação brasileira de êxito de uns e fracasso de muitos."

Retomando uma ideia já bastante trabalhada ao longo dessas páginas, podemos afirmar que a escola do encontro, do diálogo, é por si uma escola inclusiva. Por quê?

Porque encontro é aceitação e presença. É deixar-se impregnar pelo outro e modificar-se ao receber dele também. É procurar nas didáticas, nas teorias, nas práticas as formas mais eficientes de dialogar com nossos alunos e promover o encontro deles com o conhecimento. É vasculhar possibilidades e informações para abanar a centelha e manter acesa a faísca de curiosidade que faz brilhar mais os olhos e anuncia assim o fogo da construção de um saber – uma letra reconhecida, uma palavra lida, uma história preferida, um personagem ou autor que se aloja no coração...

Porque encontro é abertura, disponibilidade e interesse para acessar o outro, para buscá-lo onde ele está e caminhar junto, ora abrindo caminho, ora acompanhando ao lado, ora puxando pela mão, ora deixando ir... É usar teorias e métodos em favor da aprendizagem e não em detrimento dela, é considerar estilos, preferências, jeitos, origens, e isso não só das crianças que apresentam algum tipo de deficiência, mas de todos os alunos. Pois sabemos que eles não são todos iguais, certo?

Tudo isso nos faz educadores, renova nossa aposta no porvir, no futuro, na esperança. Nas palavras da filósofa Hannah Arendt (1961),

> "a educação é o ponto em que decidimos se amamos o mundo o bastante para assumirmos responsabilidade por ele, e ainda, é onde decidimos se amamos nossas crianças o bastante para não expulsá-las de nosso mundo e abandoná-las aos seus próprios recursos".

Isso significa que a educação é uma forma de cuidado. Cuidado com cada um e de cada um para com todos, sejam eles deficientes ou não.

Porém, essa é ainda uma ideia bastante distante do que vivemos na prática. Mesmo buscando uma prática coerente e sintonizada com os critérios de respeito à diversidade, e centrada na aprendizagem significativa, o apelo de um modelo empresarial, que propõe qualidade total e máxima produtividade, ainda é muito influente nas práticas escolares.

É muito antiga, e está arraigada à história da educação, a ideia de que uma cabeça bem feita é uma cabeça bem cheia. Ensinar bem, durante muito tempo, foi entendido como "ensinar muito", ou seja, derramar sobre os alunos uma grande quantidade de informações, conteúdos, fórmulas, conhecimentos prontos, modelos, num exercício de preencher espaços vazios com conhecimentos isolados e fragmentados que deveriam ser absorvidos e "devolvidos" exatamente da mesma forma como haviam sido transmitidos.

Pode-se dizer que ainda hoje, para muitas pessoas, grande parte da mídia e até mesmo alguns profissionais da educação, escola de qualidade é aquela que prioriza a aprendizagem do conteúdo e que avalia os alunos pela verificação do que ele reteve do que foi "passado" pelo professor e de sua capacidade de reprodução desses conteúdos, que são quantificados em respostas-padrão. Os métodos e práticas dessa escola centram-se na exposição oral, na repetição, memorização, na prontidão conseguida por treinos e exercícios de fixação, que não consideram o aluno como um participante ativo do processo. O foco dessas escolas não é o presente, o aqui e agora, mas sim o futuro, um futuro distante e por vezes ameaçador. O aluno não está se formando para construí-lo, mas para enfrentá-lo. Essa é uma escola centrada no preparo, e não na plena realização de potencialidades, é uma escola que não se ocupa, mas se preocupa...

Esse cenário certamente não acolhe as diferenças, e não está preparado para incluir crianças com deficiências. Assim como historicamente a escola privilegiava a produtividade, resistindo em entender a aprendizagem como um processo e o erro como parte dele, nesse contexto as diferenças, de maneira ampla, não encontravam espaço.

Qualquer que seja a compreensão do que é diversidade que se tem, o importante é entender que ela nos abre portas para uma nova política educacional, em oposição à Pedagogia da exclusão, ainda presente em muitas de nossas escolas. Ela precisa ser superada para que consigamos construir novos significados em relação a todos os alunos, principalmente aqueles historicamente excluídos – as pessoas com deficiência, que, por carregarem consigo o estigma da incapacidade mental, física ou sensorial, têm vivido a impossibilidade de acesso ao conhecimento, sendo relegadas a escolas ou instituições segregacionistas.

Pedagogia da exclusão é um conceito formulado por Paulo Freire e retomado por Moacir Gadotti para explicar o valor do conhecimento com instrumento para cidadania. Segundo os autores,

> "a **escola** não distribui poder, mas constrói saber que é poder. Não mudamos a história sem conhecimentos, mas temos que **educar o conhecimento** para que possamos interferir no mercado como sujeitos, não como objeto. O **papel da escola** consiste em colocar o conhecimento nas mãos dos excluídos de forma crítica, porque a **pobreza política** produz **pobreza econômica**. "Ninguém ignora tudo, ninguém sabe tudo", dizia Freire. Ninguém é ignorante de tudo, mas o "analfabeto político" não consegue entender as causas da sua pobreza econômica. Por isso Paulo Freire associava alfabetização e politização. A pedagogia neoliberal é uma **pedagogia da exclusão** justamente porque reduz o pedagógico ao estritamente pedagógico, buscando retirar da pedagogia a sua essência política. A **pedagogia**

Alfabetização e diversidade: os desafios da educação inclusiva 161

da esperança é o oposto da pedagog a da exclusão. Ensinar é inserir-se na história: não é só estar na sala de aula, mas num imaginário político mais amplo."

É preciso, como nos orienta a Declaração de Salamanca (1994), que no campo educacional busquemos o desenvolvimento de estratégias que procurem proporcionar uma equalização genuína de oportunidades. Para incluir todas as pessoas, a sociedade deve ser modificada, tornando-se capaz de atender às necessidades de todos os seus membros.

A declaração de Salamanca é um documento produzido por 88 países e 25 organizações governamentais que se reuniram da cidade de Salamanca, na Espanha, em 1994. Ela sela compromissos sobre a educação de pessoas com deficiências, explicitando regras, normas e sugestões.

Incluir é garantir uma educação de qualidade para todos, tendo como princípio fundamental a organização de uma escola que garante que os alunos aprendam juntos, independentemente de suas dificuldades ou talentos, deficiências, origem sociocultural e econômica.

A inclusão, segundo Mantoan (2006), é um conceito que emerge da complexidade, dado que a interação entre as diferenças humanas, o contato e o compartilhamento dessas singularidades compõem sua ideia-matriz. Assim, a prática da Inclusão implica dar outra lógica às escolas e um novo paradigma que resgata a educação como um bem social. Sendo assim, é um avanço para os sistemas educacionais, pois não se trata somente de adequar as escolas, mas de transformar a realidade das práticas educacionais em função de um valor universal, que é o desenvolvimento humano.

Como tão bem nos diz Alarcão:

"A escola tem a função de preparar os cidadãos, mas não pode ser pensada apenas como tempo de preparação para a vida. Ela é a própria vida, um local de vivência da cidadania".

O caminho para a inclusão requer alguns pressupostos, como uma filosofia baseada nos princípios democráticos, igualitários de inclusão, da inserção e da provisão de uma educação de qualidade para todos. É preciso criar uma cultura escolar que comunique clara, pública e intencionalmente que sua filosofia se baseia em princípios de igualdade, justiça e imparcialidade para todos. São necessários, assim, alguns cuidados em relação ao currículo para que este respeite a realidade dos alunos, considerando o desenvolvimento e a aprendizagem como eixos das atividades escolares e o sucesso dos alunos como meta da escola; a revisão do papel do diretor para que deixe de ser apenas o fiscalizador, o controlador burocrático, para se constituir em um profissional que oriente e apoie os professores e toda a comunidade escolar. O mesmo se faz necessário em relação à avaliação, ao resultado e ao desempenho, que deverão deixar de ser classificatórios e excludentes, transformando-se em instrumentos de trabalho, planejamento e formação, que reconhecem os processos, ganhando, assim, um caráter formativo e emancipatório.

Atenção especial merece a formação dos professores, verdadeiros agentes da inclusão. O fundamental é que por meio de uma formação sistemática possibilitemos que repensem constantemente sobre suas práticas, sua atualização e o compartilhar de experiências. O planejamento das ações educativas deve conter os princípios de flexibilidade, pois, na construção de escolas inclusivas, a coragem e a ousadia para enfrentar o novo são desafiadoras, requerendo criatividade, responsabilidade e bom-senso na solução dos problemas.

Em relação à inclusão de alunos com deficiência, apontamos alguns pontos sugeridos por Rossana Ramos em sua obra *Passos para a Inclusão* (2006) que entendemos como fundamentais para que a escola deixe seus preconceitos e formas de discriminação e construa progressivamente uma Escola Inclusiva, podendo, assim, vencer os obstáculos que existem neste processo:

- conscientizar os pais e alunos e outros segmentos da comunidade sobre o fato de que o aluno com deficiência não vai atrapalhar a aprendizagem dos outros alunos, mas sim ajudará a vivenciar uma nova experiência como ser humano solidário, com atitudes de respeito às diferenças. Os alunos com deficiência devem estar matriculados nas classes correspondentes à sua idade cronológica, para que construam, ainda que em defasagem intelectual, uma idade social;

- não elaborar o planejamento pedagógico com os parâmetros preestabelecidos, mas sempre levar em consideração a realidade da classe. Este é um elemento fundamental para todos os alunos e não só para classes com alunos com deficiência;

- não esperar respostas imediatas dos alunos com deficiência, pois respeitar as diferenças é também respeitar o ritmo de aprendizagem de cada um, o qual muitas vezes não corresponde às nossas expectativas;

- não deixar de trabalhar determinados temas com o aluno deficiente, supondo antecipadamente que ele não vai aprender;

- avaliar a aprendizagem considerando o potencial de cada aluno e não as exigências do sistema;

- fazer da observação atenta seguida de registro o seu mais importante instrumento de tomada de decisão.

Outro elemento importante neste processo se refere à construção de ambientes escolares inclusivos, pois o ambiente, a organização e circulação do espaço pode ser um grande limitador, aumentando a desvantagem gerada pela deficiência. É notório que as condições limitadoras não se restringem à escola e se alastram pelas ruas, transporte, prédios públicos e privados, revelando uma sociedade que não está preparada para responder à diversidade.

Temos ainda no processo de inclusão que derrubar alguns mitos como os que consideram que todos os alunos com deficiência precisam de cuidados especiais, pois muitos podem e preferem ser tratados sem nenhuma distinção. Ou que somente professores especialistas podem trabalhar com alunos que apresentam algum tipo de deficiência e que os alunos com deficiência atrapalham a aprendizagem de outras crianças, pois o que se dá é justamente o contrário, ajudam a todos a serem mais tolerantes, cooperativos e conscientes das diferenças.

A inclusão não implica no desenvolvimento de um ensino individualizado para os alunos com alguma deficiência a visão inclusiva não se segregam os atendimentos escolares, sendo o aluno quem regula seu processo de construção intelectual, demonstrando ao professor sua aprendizagem. Isso ocorre quando o ambiente escolar e as atividades propostas o liberam, o emancipam, dando-lhe espaço para pensar, decidir e realizar suas tarefas, segundo seus interesses e possibilidades. O ensino individualizado, adaptado pelo professor, segundo essa concepção, rompe com lógica emancipadora e implica em escolhas e intervenções do professor para ser o mediador do processo de aprendizagem.

De acordo com a ONG Mais Diferenças,

"a inclusão implica num processo de diálogo e aprendizagem que se dá através da construção de novas formas de trabalhar cooperativamente e a partir das singularidades dos sujeitos e reconstrução do olhar para os diversos possíveis. Propomos construir juntos com todos diferentes modos de ser e estar no mundo, diferentes visões de realidade, diferentes formas de aprender, de olhar e de escutar, enfim, desenvolver novos modelos de convivência baseados na arte de cuidar, entendendo que o cuidado encontra-se na raiz do ser humano". (2002)

Segundo Mantoan, ao pensar na diversidade e na educação como um todo, a escola que buscamos é aquela

"capaz de formar dentro dos padrões requeridos por uma sociedade mais evoluída quando promove a interatividade entre os alunos, entre as disciplinas curriculares, entre a escola e seu entorno, entre as famílias e o projeto escolar. Em suas práticas e métodos predominam as coautorias de saber, a experimentação, a cooperação, protagonizadas por alunos e professores, pais e comunidade. Nessas escolas o que conta é o que os alunos são capazes de aprender hoje e o que podemos lhes oferecer para que se desenvolvam em um ambiente rico e verdadeiramente estimulador de suas potencialidades. Em uma palavra, uma escola de qualidade é um espaço educativo de construção de personalidades humanas, autônomas, críticas, uma instituição em que todas as crianças aprendem a ser pessoas".

5.1 Não leve gato por lebre: algumas considerações sobre a dislexia

Além das importantes questões já abordadas brevemente sobre a diversidade e inclusão de crianças com deficiência, por estarmos tratando principalmente dos conteúdos de alfabetização, faz-se necessário considerarmos com mais atenção um problema que com frequência ronda e por vezes assombra esse momento da escolarização das crianças.

Podemos afirmar que a dislexia é a "bola da vez" no que se refere aos problemas de aprendizagem, sendo ela a responsável pelos altos índices de fracasso escolar e dificuldades na leitura e escrita verificados nas escolas. Assim como essas falhas já foram atribuídas à desnutrição ou carência cultural, agora cabe à dislexia a explicação por falhas que nem sempre encontram argumentos e justificativas para essas questões.

E assim testemunhamos a dislexia ganhar as ruas (e escolas) e passar a ser propriedade de todos, usada livremente por professores, pais e leigos em geral.

Segundo Rubino (2008),

"Nos últimos anos, a dislexia tornou-se um tema recorrente nos jornais e revistas dirigidos ao público em geral. As afirmações contidas nessas reportagens, com pequenas variações, são quase sempre as que se seguem. A dislexia é um distúrbio que chega a atingir 15% da população mundial, mas, ainda assim, continua sendo um distúrbio desconhecido para muitos pais e professores. A dislexia é um transtorno de aprendizagem hereditário e sem cura, que acarreta uma falha nas conexões cerebrais, principalmente nas regiões responsáveis pela leitura, pela escrita e pela soletração. As dificuldades causadas por esse transtorno podem ser melhoradas em até 80% desde que sejam diagnosticadas o mais precocemente possível e tratadas de forma adequada.

Numa sala de aula com 30 alunos, é provável que entre três e quatro alunos sejam disléxicos. Quando não são diagnosticadas, as crianças disléxicas enfrentam sérias dificuldades na aprendizagem e ficam desmotivadas e abaladas em sua autoestima. Os disléxicos têm inteligência acima da média, apesar de seu desempenho escolar sugerir o contrário. As pessoas disléxicas mostram-se mais criativas e têm ideias inovadoras que superam as das pessoas não disléxicas, uma vez que elas tendem a ativar outras áreas do cérebro para compensar as suas dificuldades. Personalidades célebres como Albert Einstein, Thomas Edison, Walt Disney e Agatha Christie eram disléxicas. Os portadores de dislexia têm direitos especiais assegurados por lei, podendo contar com um período de tempo estendido para realizar as provas escritas (ou ainda, fazer as provas oralmente) e usar livremente uma calculadora. Alguns profissionais entrevistados nessas reportagens afirmam que os testes para detectar a dislexia deveriam ser obrigatórios nas escolas, uma vez que a taxa de pessoas afetadas pelo distúrbio é muito grande."

Nessas reportagens, professores e pais são incentivados a considerar como sinais de alerta uma vasta gama de sintomas – como desatenção, lentidão na aprendizagem da leitura, desinteresse pelos livros, letra feia, demora em copiar as lições da lousa, troca de letras na escrita, entre muitos outros – que poderiam indicar um quadro de dislexia. Não surpreende, portanto, que um número cada vez maior de crianças chegue aos consultórios e serviços de saúde, às vezes antes mesmo de completarem 7 anos de idade,

Alfabetização e diversidade: os desafios da educação inclusiva

com uma suspeita de dislexia formulada pelo professor ou pela própria família.

Também circulam na mídia artigos que assumem um tom marcadamente exaltado e alarmista, como é o caso do texto "O massacre dos inocentes", de Gilberto Dimenstein, publicado no jornal *Folha de São Paulo*, em 13 de maio de 2007:

> "Se seu filho ou aluno é esperto, mas tem muita dificuldade de aprender, preste atenção a estas estatísticas de associações psiquiátricas: entre 5% e 17% dos brasileiros sofrem de dislexia, perturbação na aprendizagem da leitura que leva a pessoa a embaralhar letras e números; pelo menos 7% têm, em algum nível, distúrbio de atenção e hiperatividade.

> Essas porcentagens se traduzem em crianças e adolescentes abatidos em sua autoestima, marginalizados, chamados de 'burros' por pais e professores. Ou pior, transformados em assassinos, traficantes ou assaltantes."

Chega a ser tentador agarrar essa "tábua de salvação", explicação para todos os problemas, que exime a todos: pais, professores, escola, política educativa e até mesmo a própria criança das sérias dificuldades encontradas, não é mesmo? Porém, sabemos que as coisas não são tão simples... Como já vimos em outros capítulos dessa publicação, é preciso ler as entrelinhas!

O que nos leva a questionar: como explicar essa grande disseminação da dislexia, colocando-a como grande responsável pelos tão frequentes desencontros entre as crianças e as aprendizagens?

Um olhar mais apurado a todos esses textos que abordam a dislexia como o "mal do século" nos leva a questionar alguns aspectos, entre eles nos chama atenção:

- a insistência na definição de um quadro de "normatização" das crianças disléxicas, entendendo-as como "especiais", diferentes, que devem ser tratadas de forma específica, exclusiva, num movimento de contramão às ideias de educação inclusiva, que trata a todos dentro de suas singularidades e busca contemplá-las no contexto escolar e da vida;

- a compreensão de qualquer dificuldade de aprendizagem como dislexia, o que limita as formas de abordar as manifestações das crianças e entender o que nos comunicam com suas ações, comportamentos e sintomas;

- o deslocamento do foco da qualidade de trabalho educacional para todos, como se somente as crianças disléxicas pudessem se beneficiar de uma escola que acolhe, busca estratégias e se reinventa para possibilitar o acesso de todos às aprendizagens diversas, e principalmente à leitura e à escrita.

As crianças fazem assim...

Thomas tem 8 anos, e como muitos garotos de sua idade, gosta de futebol, videogame e brincar com os amigos. Ele vai à escola desde os 2 anos, mas ainda não sabe ler. Esse fato em si, infelizmente, pode ser considerado corriqueiro na realidade educacional de nosso país, pois, como já vimos nos capítulos anteriores, a escola tem tido dificuldade em dialogar com seus alunos e acessá-los de forma a promover aprendizagens significativas. Porém, Thomas frequenta escolas consideradas "boas" e comprometidas com o ensino de seus alunos desde pequeno, seus pais gozam de boa condição financeira e nos últimos anos têm procurado diferentes profissionais da área pedagógica, médica, psicológica, entre outras, em busca de ajudar o filho a superar suas dificuldades.

Até os 5 anos, Thomas estudava em uma escola bilíngue, que propunha que as crianças aprendessem inglês e português ao mesmo tempo. Ele participava das propostas e brincadeiras, mas se a atividade envolvesse qualquer tipo de contato com a leitura ou escrita, Thomas não se envolvia, ficava distraído e não compartilhava desse momento com os colegas.

Alfabetização e diversidade: os desafios da educação inclusiva

Quando começou o 1º ano numa outra escola, o quadro se manteve: Thomas não aprendia as letras, se confundia para escrever seu nome e tinha dificuldade em memorizar palavras simples, que poderiam ajudá-lo a compreender o sistema alfabético. Por outro lado, conseguia realizar as propostas e fazer as tarefas que, em sua maioria, se limitavam à reprodução de conhecimentos dados pela professora.

Ao final do ano, para surpresa de todos, Thomas ainda não conseguia ler palavras simples. O outro ano seguiu de forma semelhante e os pais, preocupados, procuraram profissionais na tentativa de compreender o que acontecia com Thomas – o neurologista fez muitos exames e nada descobriu, o oftamologista não encontrou dificuldades visuais, apesar de Thomas perguntar com frequência, ao tentar escrever: este é o G ou o O? Este é o F ou o P?

Thomas foi à fonoaudióloga, à psicóloga, que fizeram testes e detectaram leves dificuldades no processamento auditivo, na lateralidade, concentração, mas nada que justificasse sua resistência e dificuldade em aprender.

Por fim, os pais o mudaram de escola mais uma vez. Nos primeiros dias de aula, a professora de Thomas na nova escola buscou aproximar-se, descobriu seus principais interesses e promoveu a interação dele com os outros meninos que também gostavam de futebol. Um dos livros preferidos da turma despertou a curiosidade de Thomas, *A Ilha do mistério*, de Paul Adshed (*Editora Brink Book*) no qual o leitor é convidado a decifrar enigmas e a encontrar palavras e desenhos escondidos nas ilustrações. Essa possibilidade de entender a escrita como algo a ser descoberto, e não mais uma tarefa destituída de sentido, permitiu que Thomas gradativamente se interessasse por esse universo e superasse suas dificuldades, acreditando ser possível realizar o esforço necessário para essa aprendizagem.

Nina tem 6 anos, adora dançar e é portadora da Síndrome de Down. Sua escola é um espaço bastante diverso, é frequentada por crianças de muitas nacionalidades, classes sociais e origens, pois está situada dentro de uma universidade.

Nina já conhece os colegas com os quais estuda há bastante tempo, e mesmo não acompanhando todas as atividades da turma o tempo todo, está plenamente incluída no grupo – interage com as crianças, participa das festas e visita colegas, compartilha dos momentos coletivos de trabalho dentro de suas possibilidades.

A atividade planejada para hoje faz parte de um projeto de reescrita de um conto conhecido. As crianças trabalham em duplas e buscam as melhores formas de elaborar seu texto. Para isso, contam com um roteiro da história elaborado pela turma, no qual se apoiam. Como ainda não lê, Nina e sua dupla dispõem de dois roteiros: um com imagens referentes às passagens mais importantes da história e outro escrito. Além de ajudar a colega a escrever a história, Nina também realizará uma atividade de reconto oral (ajustada às suas possibilidades), que será gravada pela professora.

Finalizando, falar em alfabetização e diversidade é reiterar o direito não só à educação, mas a uma educação de qualidade, o que pressupõe todas as crianças atendidas em seus interesses, suas características, suas capacidades e necessidades educativas. E que seja garantido o acesso e permanência de todos na escola, graças a propostas efetivas que promovam aprendizagens significativas e o avanço de todos, dentro de suas possibilidades.

Para tanto, é preciso que o professor e todos os profissionais da escola não só tenham atenção à diversidade, mas que se coloquem presentes e disponíveis para verdadeiros encontros com as crianças, de forma a assegurar o pleno desenvolvimento das potencialidades e assim promover o desenvolvimento da prática da cidadania. Esta envolve o exercício simultâneo do gozo de direitos e o cumprimento de deveres, ambos inerentes à participação na vivência social, com vistas a garantir a todos o direito à vida digna, que pode ser entendida como uma vida que valha à pena ser vivida, com respeito, reconhecimento e cooperação – além de capacitar ao trabalho –, este último uma vertente importante para se assegurar a dignidade de nossa existência e nossa participação efetiva como agentes ativos e participantes da sociedade e do mundo em que estamos inseridos.

Referências bibliográficas

ALARCÃO, I. **Escola reflexiva e nova racionalidade**. Porto Alegre: Artmed, 2001.

ARENDT, H. *Sobre a educação*. In **Entre o passado e o futuro**. São Paulo: Perspectiva, 2000.

BELINTANE, C. *Abordagem da oralidade e da escrita na escola a partir da tessitura interdisciplinar entre a psicanálise e a linguística*. In: **Psicanálise, educação e transmissão**, 6., 2006, São Paulo. Disponível em: <http://www. proceedings.scielo. br/scielo.php?script=sci_arttext&pid=MSC0000000032006000100002&lng=en&nrm=abn>. Acesso em: 12 Jan. 2012.

BORGES, J. L. **Aleph**. São Paulo: Cia das Letras, 2012.

BRUME. *Meu filho você não merece nada*. in: **Revisa Época** 9/08/2011. Disponível em: <http://revistaepoca.globo.com/Revista/Epoca/0,,EMI247981-15230,00.html.>. Acesso em: 12 Jan. 2012

CAMPOS, H. PANNUTI, M. R; SANTOS, M. S. **Inclusão: reflexões e possibilidades**. São Paulo: Loyola, 2009.

CANETTI, E. **A língua absolvida**. São Paulo: Cia das Letras, 1987.

CASTEDO, M.; MOLINARI, M. C.; TARRÍO, M. **La función alfabetizadora de la escuela, hoy**. Dirección de Educación Primaria de la Dirección General de Cultura y Educación de La Provincia de Buenos Aires. La Plata, 1996.

COLOMER, T.; TEBEROSKY, A. **Aprender a ler e a escrever**. Porto Alegre: Artmed, 2002.

CONDEMARÍN, M.; MEDINA, A. **Avaliação autêntica: um meio para melhorar as competências em linguagem e comunicação**. Porto Alegre: Artmed, 2005.

FERNANDEZ, A. **Inteligência aprisionada**. Porto Alegre: Artmed, 1991.

FERREIRO, E. **Reflexões sobre alfabetização**. São Paulo: Cortez, 1989.

FERREIRO, E.; TEBEROSKY, A. **Psicogênese da língua escrita**. Porto Alegre: Artes Médicas, 1985.

GADOTTI, Moacir. Lições de Freire. **Rev. Fac. Educ.**, São Paulo, v. 23, n. 1-2, Jan. 1997.

LAROSSA, J. Notas sobre a experiência e o saber da experiência. **Revista Brasileira de Educação**, Rio de Janeiro, n. 19, p. 20-28, jan./abr. 2002.

LERNER, D. **Ler e escrever na escola: o real, o possível e o necessário**. Porto Alegre: Artmed, 2002.

Lima, Elvira Souza. **Indagações sobre currículo: currículo e desenvolvimento humano**. Brasília: Ministério da Educação, Secretaria de Educação Básica, 2007.

MACEDO, L. **Ensaios Construtivistas**. São Paulo: Casa do Psicólogo, 2002.

MAIS DIFERENÇAS. **Diversidade e inclusão**. São Paulo: Mais diferenças, 2010.

MANGUEL, A. **História da leitura**. São Paulo: Cia das Letras, 1997.

MANTOAN, M. T. E. **Caminhos pedagógicos da inclusão**. São Paulo: Memnon, 2002.

MARCURSCHI, L. **Produção textual, análise de gêneros e compreensão**. São Paulo: Parábola, 2008.

Referências bibliográficas

ONRUBIA, J. *Ensinar: criar zonas de desenvolvimento proximal e nelas intervir* In: COLL, C. (org) **O construtivismo na sala de aula**. São Paulo: Ática, 1998.

PETIT, M. **Os jovens e a leitura**. São Paulo: Editora 34, 2008.

PETIT, M. **A arte de ler**. São Paulo: Ed 34, 2009.

PLACCO, V. M. N.; SOUZA, V. L. T. (Orgs.). **Aprendizagem do adulto professor**. São Paulo: Loyola, 2006.

RAMOS, R. **Inclusão na Prática**. São Paulo: Summus, 2010.

RAMOS. R. **Passos para a Inclusão**. São Paulo: Cortez, 2005.

RIOS, T. A. **Compreender e ensinar: por uma docência da melhor qualidade**. São Paulo: Cortez, 2001.

RUBINO, R. *Sobre o conceito de dislexia e seus efeitos no discurso social*. In: **Estilos da Clínica**. 2008. v. XIII. p. 84-97.

SARTRE, J. P. **As palavras**. Rio de Janeiro: Nova Fronteira, 2000.

SCATOLIN. E. **Diálogos entre teoria e prática**. São Paulo: Escola Vera Cruz, 2007, documento interno.

SMITH, Frank. **Compreendendo a leitura: uma análise psicolinguística da leitura e do aprender a ler**. Porto Alegre: Artmed, 2003.

SOLÉ, I. **Estratégias de leitura**. Porto Alegre: Artmed, 1998.

SOLIGO, R. *Para ensinar a ler.* In: **Cadernos TV Escola**, Brasília: Ministério da Educação, Secretaria da Educação, 1999.

VYGOTSKY, L. **A formação social da mente: o desenvolvimento dos processos psicológicos superiores**. São Paulo: Martins Fontes, 1994.

WEISS, T.; SANCHES, A. **Diálogos entre o ensino e a aprendizagem**. São Paulo: Ática, 2002.

ZABALA, A. **A prática educativa: como ensinar**. Porto Alegre: Artes Médicas, 1998.